KB141888

DEEP INNOVATION

딥 이 노 베 이 션

류랑도

주 52시간 시대, 스마트하게 일하는 법

딥 이노베이션
DEEP INNOVATION

쌤앤파커스

차례

1. 회의

'훈계와 정보전달'에서 '결과물과 문제해결' 중심으로

2. 결재

'계급과 업무' 기준이 아니라 '역할과 책임' 기준으로

3. 소통
'해야 할 일과 설명' 중심에서 '목표와 숫자' 중심으로

4. 평가
결과 중심의 '주관식 상대평가'에서 성과 중심의 '객관식 절대평가'로

5. 교육
'지식전달' 위주의 교육에서 '역량훈련' 중심의 액션러닝으로

6. 리더

'지시통제'하는 '상사형'에서 '권한위임'하는 '리더형'으로

7. 인사

연공과 능력 중심의 '종업원' 관리에서 성과와 역량 중심의 '동업자' 관리로

8. 조직

'수직적 계급조직'에서 '수평적 역할조직'으로

9. 업무

KPI 중심의 '실적관리' 방식에서
성과목표와 전략 중심의 '성과관리' 방식으로

주 52시간 근무 시대,
일하는 문화를 어떻게 혁신할 것인가?

거의 모든 기업 CEO들의 신년사에 매년 빠지지 않고 등장하는 말이 '변화와 혁신'이다. 하지만 CEO의 바람과 달리 구성원들에게 변화와 혁신은 위에서 시키니까 '마지못해' 따라가거나, '시늉만' 하다 그치는 경우가 대부분이다. 그러다 보니 윗사람들이 아무리 어르고 다그쳐도 일하는 문화를 완전히 탈바꿈시킬 만큼 근본적이고 자발적인 혁신은 이루어지지 않고 있다.

특히 '주 52시간 근무제'로 표현되는 근로시간 단축은 2018년 경영계를 뜨겁게 달구는 핵심이슈 중 하나다. 2018년 7월부터 300인 이상의 기업들은 최대 주 52시간을 초과하는 근로가 금지된다. 핵심은 주 40시간을 지켜야 한다는 것이다. 주 40시간을 초과하면 연장근무에 따른 수당을 지급해야 한다. 2020년부터는 300인 이하 중견 및 중소기업에도 적용된다. 일터는 물론 우리의 일상생활에도 근로시간 단축으로 인한 여파가 상당히 클 것이다.

2005년에 '주 5일 근무제'가 도입되었을 때를 기억하는가? 주 5일제를 시행하고 나서 얼마 지나지 않아 작은 기업에서도 "아직도 토요일에 일하느냐?"라고 물을 정도로 빠르게 확산, 정착되었다. 길어진 주말 덕분에 여행, 취미생활 등 개인의 일상에도 많은 변화가 있었다. 마찬가지로 '주 52시간 근무' 역시 금세 우리의 생활에 파고들어 "아직도 야근, 특근을 하는 회사가 있느냐?"라는 말을 곧 일상적으로 하게 될 것이다.

이것이 지금 우리가 처한 현실이다. 일을 더 하고 싶어도 할 수 없고, 더 시키고 싶어도 그럴 수 없다. 시키는 일만 하는 사람은 살아남을 수 없고, 피라미드 모양으로 윗사람만 따르는 조직도 생존이 어렵다. 조직의 구조도, 일하는 사람의 포지션도, 완전히 바꿔야 하는 시점이 된 것이다. 나는 그 마지노선이 앞으로 3년 후인 2020년이라고 생각한다. 그 전에 일하는 문화를 전면적으로 바꾸지 못하는 조직은 치열한 글로벌 시장경쟁 속에서 살아남을 수 없을 것이다.

이처럼 옛날 방식에 안주해 있을 수 없는 위기상황임에도 불구하고 과거의 조직문화를 답습하고 '소싯적'에 잘나갔던 기억을 고집한 채 단기실적에 집착하는 조직들이 여전히 많다. 시장의 주인이 공급자인 기업에서 수요자인 고객으로 이미 바뀌었고, 업무환경은 시스템화·복잡화·전문화되어 실무는 담당자가 제일 잘 알고 잘할 수 있다. 예전처럼 리더가 일일이 통제할 수 없을 뿐만 아니라, '밀레니얼 세대'라 불리는 젊은 세대와 글로벌 인재들이 조직 내로 유입되면서 구성원들의 가치관은 과거와는 비교할 수 없이 다양해지고 개성화되었다. 당연히 예전처럼 제도 중심으로 집단적·획일적인 관리를 할 수도 없고, 개인별 맞춤형 소통을 하는 데 더 많은 시간과 노력을 기울여야 한다.

고도성장기에 우리나라 기업들의 일하는 문화는 근무시간 중심, 공급자 중심, 리더 중심의 실적관리였다. 그때는 그렇게 해도 계속 성장할 수 있었다. 하지만 이제는 시장이 바뀌었고, 소비자가 바뀌었고, 조직 구성원이 바뀌었다. 숨 돌릴 틈 없이 계속해서 변화하고 있다.

대표적인 변화인 근무시간 단축에 대비하려면 업무환경과 일하는 문화를 근본적으로 혁신해야 한다. 알맹이도 없이 질질 끄는 회의를 없애고, 쓸데없는 결재단계를 축소하고, 구구절절 설명보다는 숫자 중심으로 명쾌하게 소통하는 문화를 조직에 새로 심어야 한다.

이미 많은 기업들은 개인의 근무시간을 철저히 관리하고, 자동화할 수 있는 업무는 최대한 자동화해서 인건비를 줄이는 데 심혈을 기울이고 있다. 그런데 이런 표면적인 관리는 일시적으로는 효과를 불러오겠지만, 장기적으로 과연 지속성이 있을지 반문해볼 필요가 있다.

근무시간 단축으로 인해 조직이 원하는 것은, 구성원들이 정해진 시간 내에 추가적인 근무시간 연장 없이 책임져야 할 성과를 내는 것이다. 개인들이 원하는 것은 야근이나 특근을 하지 않아도 성과를 내고, 일과 삶의 균형을 맞춰나가는 것이다. 제도만으로는 당연히 한계가 있을 수밖에 없다. 의식과 습관, 일하는 문화가 총체적으로 바뀌지 않으면 절대 실현될 수가 없다.

그동안 생산성 향상을 위해 많은 기업과 기관들이 혁신해야 한다고 외쳐왔지만, 주 52시간 근로시간 단축 법안처럼 제도로 압박하기 전까지는 그저 말로만 혁신했기 때문에 무엇을 어떻게 해야 할지 잘 몰랐던 게 사실이다.

생산성을 향상시키기 위해서는 평소부터 성과 중심으로 일을 했어야 했는데, 지금까지 그러지 못한 조직이 많았다. 효율보다는 그저 열심히만 하면 된다는 안이한 생각에 빠져 있었고, 과정보다는 결과에만 연연했다. 그러다 보니 정해진 시간 내에 일을 끝내는 데만 급급해 결과물의 품질이 낮고 결과적으로 원가가 상승하는 것을 보고도 모른 척했다.

근무시간을 얼마나 투입하든, 얼마나 많은 사람이 협력하든, 정해진 기간 내에 일만 끝내면 된다는 결과지상주의, 일정지상주의가 우리의 오랜 습관과 문화가 되어버렸다. 오랜 시간 동안 이렇게 일하는 것을 당연하게 생각해왔기 때문에 문제의식을 가질 수도 없었고 당연히 혁신의 필요성도 느끼지 않았다. 그래서 일하는 문화를 하루아침에 혁신하는 것이 매우 어려울 수밖에 없다. 마스터플랜을 가지고 뿌리 깊은 곳에서부터 긴 호흡으로 인내하며 실천해야만 근본적으로 혁신할 수 있다.

예전에는 일을 제시간에 끝내지 못하면 연장근무나 주말 특근을 해서라도 마무리할 수 있었다. 하지만 이제 우리에게 주어진 시간은 주 52시간밖에 없다. 아니, 주 40시간밖에 없다. 정해진 일정만이 중요한 것이 아니다. 일정을 준수하는 것은 기본이고, 품질기준에 맞는 가치 있는 결과물을 이루어내는 것이 핵심이다.

주 40시간 동안 여러분은 자신의 역할과 책임을 다하고,

성과를 창출하기 위해 어떻게 일할 것인가? 그에 대한 해답이 여기에 있다. 생산성 향상을 위해, 그리고 원하는 성과를 창출하기 위해 가장 근본적으로 혁신해야 할 핵심테마들의 혁신방향을 담았다. 이는 성과 중심으로 일하는 조직문화의 핵심 키워드다.

근무시간 단축은 시작에 불과하다. 우리는 초고속 성장을 마치고 저성장 시대로 이미 진입했고, 모든 인프라가 갖추어진 지금은 개개인의 역량이 가장 중요해졌다. 개인의 역량을 극대화하기 위해 제도적인 장치나 사회적인 분위기가 더욱 급격하게 변화할 것이다. 이제 더 이상 시간이 없다. 지금 바로 일하는 문화를 근본적으로 혁신해야 한다. 혁신을 수용하든지 수용하지 않든지 결정은 여러분의 몫이다. 하지만 혁신을 수용하지 않으면 더 이상 시장에서 생존할 수는 없다.

성수동에서 류랑도

1

회의는 주관자가 큰소리로 화내고 짜증 내며 참석자들에게 감정표출 하는 자리가 아니다.

일방적으로 전달사항을 고지하는 자리도 아니다.

회의는 참석자들이 안건과 관련된 문제를 인식하고 해결하기 위한 자리다.

결론이 없는 회의는 회의가 아니다.

회의의 본질은 '결론'이다.

회의

'훈계와 정보전달'에서
'결과물과 문제해결' 중심으로

2시간째 하고 있는 그 회의, 비용이 얼만지 알고 하는가?

2018년 7월부터 '주 52시간 근무제'가 시행되었다. 정책적으로 근로시간이 단축되면서 기업들은 시간과 자원을 낭비 없이 효율적으로 활용해 줄어든 근무시간에 영향을 받지 않고 생산성을 유지 혹은 향상시켜야 하는 절체절명의 과제를 떠안고 있다.

구성원들의 귀중한 근무시간을 가장 많이 잡아먹고 비효율적으로 낭비하게 만드는 게 뭘까? 오래 생각할 것도 없이 1순위가 '회의'다. 그래서 '주 52시간 근무제'로 비상이 걸린 기업들이 가장 주목하는 것 역시 바로 '회의'다.

어떤 형태든 기업이나 조직에서 '회의'는 구성원들에게 부정적인 인식이 강하다. 사실 그동안 조직에서 진행되어온 회의의 방식이나 패턴을 살펴보면 당연한 결과 아니겠는가? 회의가 내 업무에 꼭 필요했던 적, 문제해결에 큰 도움이 된 적이 있었는가? 회의의 순기능과 긍정적인 측면은 사라지고, '쓸데없이 습관적으로 하는' 절차만 남은 경우가 많다.

그래서 가급적이면 회의의 횟수를 줄이고, 꼭 필요한 회의라면 가급적 짧게 하되 목적에 맞게 운영해야 한다는 데 모두들 공감하고 있다. 생산적이고 효율적인 회의를 해야 하는 이유를 좀 더 면밀하게 따져보자.

벌어들인 금액에서 비용을 제하고 남은 것이 기업의 이익이다. 기업이 이익을 최대화하기 위해서는 2가지 선택이 있다. 수익을 늘리거나, 비용을 최소화하거나. 경기가 호황이든 불황이든 가릴 것 없이, 시장가치가 줄어들지 않는 범위 내에서 '비용절감'은 철저하게 관리해야 할 대상이다.

기업경영을 하다 보면 알게 모르게 엄청난 비용이 발생하는데, 가장 경계해야 할 것은 눈에 보이지 않게 빠져나가는 비용이다. 앞에서 말했듯이 그중에서 대표적인 것이 '회의'다. 근무시간을 가장 불필요하게 낭비시키는 요인으로 회의가 꼽히는 이유는 다들 공감할 것이다. 회의실은 꽉 차 있지만 정작 회의의 내용은 비어 있거나, 시간은 엄청 많이 썼는데 회의의 결과로 이렇다 할 성과를 내지 못하기 때문이다.

조직에서 운영되는 대부분의 회의는 리더에게 업무를 보고하는 형태다. 대표이사부터 각 부문 임원, 팀장이나 일부 간부급들까지 대규모로 참석하는 회의가 주간, 월간, 프로젝트 단위로 진행된다. 수십 명이 참석한 회의가 반나절 이상 진행되는 경우도 많다. 그만큼 우리는 직장에서 수많은 회의에 참석하는 것을 '일'의 한 형태로 여기며 시간을 보낸다.

그런데 회의를 하는 진정한 목적도 모르고 문제를 해결하고자 하는 진정성 있는 고민도 없이, 그저 대충 시간만 때우면 된다는 식으로 참석한다면 어떻게 될까? 비용 낭비는 물론이고, 그로 인한 업무시간의 낭비도 상당하다는 사실을 인식해야만 한다.

우선 회의에 들어가는 비용을 한번 계산해보자. 회의로 인한 비용을 계산하는 방법은 회의에 참석하는 사람들이 그 시간에 다른 일을 하지 못하면서 발생하는 기회비용, 그리고 회의시간 동안 투입된 직급별 시간당 평균 인건비를 파악하는 것이다.

한국노동연구원의 전 산업 사무관리직 평균직급별 임금 수준에서 100인 이상 규모인 2,899개 사업체 노동자 대상 중위임금 기준 연봉을 참고로 회의시간에 소비된 인건비를 계산해봤다. 중위임금이란 직급별 해당 임금을 가장 작은 값에서 가장 큰 값으로 나열할 때 정렬된 임금의 50%에 해당하는 값으로, 사원은 3,590만 원, 대리는 4,794만 원, 과장 6,146만 원, 차장 7,308만 원, 부장 9,018만 원이다. 1년에 240일의 근무일수를 고려하면 1인당 하루 인건비는 대략 부장 38만 원, 차장 30만 원, 과장 26만 원, 대리 20만 원, 사원 15만 원이다.

만약 팀 주관회의에 팀장 역할을 맡고 있는 부장 1명과 그 외 팀원으로 차장 2명, 과장 3명, 대리 3명, 사원 2명이 하루의 절반을 회의하느라 보낸다면, 직접 인건비로만 133만 원을 쓰는 셈이다(19+30+39+30+15=133만 원). 여기에 연봉 이외의 성과급, 복리후생비, 퇴직금, 사무실 유지비, 교육비 등 간접 인건비까지 포함하여 직접 인건비의 3배가 총 인건비라고 하면, 하루의 절반 즉 4시간 회의에 약 400만 원을 쓰는 셈이다. 그 시간에 다른 일을 못하게 되어 발생하는 기회비용까지 생각하면, 회의는 결코 가볍게 여길 수 없는 계정 과목이다.

그럼에도 불구하고 우리는 회의를 너무도 가볍게 생각한다. 한 조사에 따르면, 비교적 실용적으로 회의하는 미국에서조차 최고경영진이 업무를 점검하기 위해 여는 주간회의에 참석하기 위해 경영진과 내부 구성원들이 소모하는 회의시간이 1년에 7,000시간이라고 한다. 또한 팀장 이상의 리더가 그 회의의 안건을 점검하고 자료를 준비하는 데 소모하는 시간이 연 2만 시간, 회의자료를 검토하기 위해 실무 부서가 쏟는 시간은 연 6만 3,000시간으로 조사되었다. 회의 관련 이메일을 교환하고 정보를 수집하는 시간까지 합치면 최고경영진을 위한 주간회의 때문에 조직 전체가 쓰는 시간은 눈덩이처럼 불어나 연 30만 시간에 이른다.

우리나라는 어떨까? 미국보다 덜하다고는 말 못할 것이다. 회의 참석자들과 관련된 비용만 따져 봐도 엄청나지만, 실제로 회의를 준비하기 위해 투입되는 인원·비용·시간도 만만치 않다. 특히 기획이나 영업지원, 품질관리 부서와 같이 전사적인 업무를 관리하는 부서의 경우, 회의를 준비하고 주관하는 그 자체가 핵심업무다. 전담인원이 배정되어 있는 것은 말할 것도 없고, CEO나 임원들을 흡족하게(?) 만들기 위해 하지 않아도 될 불필요한 일들까지 하는 경우가 비일비재하다. 이 모든 것이 비용이고 원가에 포함된다는 경각심조

차 없다는 것이 우리의 현실이다.

이제부터라도 조직 전체의 관점에서 시간관리는 물론 비용관리를 위해서도 습관적으로 열리는 회의관행이 조직의 생산력을 갉아먹는다는 문제의식을 가져야 한다. 그러한 인식을 바탕으로 '그 회의를 꼭 해야만 하는가?'를 따져보고, 시간·주제·형태·참석자를 재점검할 필요가 있다.

결론 없이 기만 빨리는 회의,
조직에서 반드시 뿌리 뽑아야 할
4가지 회의관행

갑자기 소집되는 '묻지 마 회의'

조직에서 열리는 대부분의 회의는 CEO나 임원, 팀장 등 상위 직책자가 주관한다. "회의실로 다 모여.", "회의 소집해." 이 말 한마디에 모두 모였지만, 무엇을 위한 회의인지 아무도 모르는 경우가 많다. 심지어 회의의 명칭 자체가 '사장님 주관 회의', '전무님 주관 회의', '본부장님 주관 회의' 등으로 불리는 경우도 있다. 갑작스럽게 리더에 의해 소집되는 회의는 안건이나 이유도 모른 채 일단 모이고 보자는 식이다.

이름은 '전략회의'인데 무엇을 위한 전략을 논의하자는

것인지 알 수 없는 경우도 많다. 또한 참석 대상자들의 스케줄 등을 미리 묻거나 조정하는 배려는 애초에 기대할 수가 없다. 위에서 시키면 무조건 따라야만 하는 것이 불문율이다. 회의 참석자들을 동료로 인식하기보다는 상사의 지시를 듣고 절대복종해야 하는 부하로 생각하는 '상사-부하' 문화가 그대로 묻어 있기 때문이다. 업무에서 의사결정의 주체는 상사이고, 구성원들은 부하로서 상사의 실행을 돕는 보조자 역할을 해왔으니 그런 모습이 회의에서도 이어진다.

안건도 모른 채 회의실에 끌려온 셈이니, 당연히 회의 참석자들은 아무런 준비가 되어 있지 않다. 토론이나 의견개진이 활발히 이루어지는 '건강한 회의'는 애초에 불가능한 것이다. 그러다 보니 당연히 주최자도, 참석자도 서로 시간만 낭비하게 된다. 회의안건이 없었거나, 불분명했거나, 몰랐기 때문에 회의가 끝나도 제대로 된 결과물이 없다.

뻔하고 답답한 '단순 정보전달 회의'

여러 비효율적인 회의 중에서도 가장 '시간 아까운' 회의가 바로 단순히 정보전달을 위한 회의다. 눈에 보이는 것을 구구절절 말로 설명하고, 뻔한 내용을 길게 풀어놓기도 한다. 단순한 업무보고는 이메일이나 사내 게시판에 올려도 충분한데, 왜 그런 단순 정보를 모여서 함께 읽어야 할까? 그러다 보면 회의시간이 해야 할 일을 지시받거나 이미 지시받은 사항에 대한 결과를 상사에게 보고하고 피드백 받는 자리가 된다. 회의가 아니라 지시와 보고의 장으로 변질되는 것이다.

통상적으로 '주간회의'는 지난주에 무슨 일을 했는지 발표하는 것부터 시작된다. 여타 다른 회의들 역시 현재 상황을 설명하고 추진경과를 보고하는 데 초점을 둔다. 이렇다 할 결론 없이 문제점이나 상황설명만 잔뜩 나열하고, 상사는 자신의 예전 경험이나 최근에 회사 밖에서 전해들은 풍월(?)을 전달한다. 상사가 하고 싶은 이야기를 다 하고 자리에서 일어나면 아무 결론 없이 회의가 마무리된다.

게다가 해당 업무의 담당자만 참석해도 되는데 그 일과 관련 없는 사람들까지 참석하면서, 상사가 동료에게 업무를 지시하는 과정을 옆에서 지켜봐야 하고, 별로 연관도 없는 다른 사람들의 업무보고까지 '혹시 나중에 관련될 수도 있다.'는 이유로 함께 들어야 한다. 상사 입장에서야 모두 한자리에 모아놓고 얘기하면 한 번에 전달할 수 있으니 편하겠지만, 굳이 참석하지 않아도 될 사람들의 소중한 근무시간까지 빼앗는 셈이다.

구성원들이 하루 10시간 이상 일하면서도 일할 시간이 없다고 하소연하는 원인이 바로 여기에 있다. 개인마다 1년 동안 책임져야 할 목표가 있고 그 목표를 달성하기 위해 주간 단위, 일일 단위로 지속적인 실행행위가 일어나야 한다. 그런데 온갖 회의에 참석하느라 정작 해야 할 본연의 업무를 챙기지 못한다. 아침 7시에 출근해서 밤 9시까지 야근을 한다 해도 우리는 하루에 15시간 이상 근무할 수 없다. 게다가 이제는 하루 8시간 근무가 최장이다.

각종 업무협의에 상사는 수시로 티타임을 부르고, 거기다 불필요한 회의까지 겹치니 정작 해야 할 내 업무는 늘 뒤로 밀릴 수밖에 없다. 온종일 분주하게 뛰어다니다 퇴근시간이 훌쩍 지난 후에야 비로소 본업을 시작할 시간이 생긴다. 그런 상황에서 완성도 있게 내 업무를 마칠 수 있는 사람이 얼마나 될까? 그러니 상사와 약속한 시간 내에 업무를 끝내기도 어렵고, 결과물의 품질도 상사를 만족시키기 어려운 경우가 많다.

이처럼 굳이 참석하지 않아도 될 사람들까지 너무 많이 모여 불필요한 노동과 비용이 발생하는 회의가 여전히 너무 자주 열린다. 개인의 입장에서도, 조직의 입장에서도 득이 될 게 없다.

언제 끝날지 모르는 '끝장토론 회의'

회의는 시작시간만 정해져 있지 끝나는 시간은 아무도 모른다. 언제 끝날지 모르는 상태에서 회의에 참석하면, 구성원들은 자신의 일을 예측하고 계획할 수가 없다. 만약 회의가 30분에서 1시간 정도로 예정되어 있다면, 전체 업무시간 중 그 시간은 회의에 할애하고 나머지 시간을 어떤 일에 집중할지 개인이 알아서 배분할 수 있다. 하지만 우발적으로 개최된 회의인 데다 심지어 언제 끝날지도 모른다면, 구성원들은 성과 중심의 업무관리를 전혀 할 수가 없다.

회의를 언제 시작하는지도 중요한 이슈다. 이른 오전에 하는 회의는 일에 가장 집중할 수 있는 골든타임을 놓치게 하고, 늦은 오후에 하는 회의는 퇴근시간을 놓치게 해 야근을 부른다. 언제부터인가 심심찮게 '끝장토론'이라는 유행어가 마치 경영혁신의 상징처럼 여겨지면서, 한번 회의를 시작하면 결론이 날 때까지 무슨 일이 있어도 끝장을 봐야 한다고 주장하는 사람들이 자주 보인다. 회의를 주관하는 사람은 모르겠지만, 참석자들은 그런 식의 '과욕'에 진이 쫙 빠진다. 어쩌면 '끝장토론'이란 다른 관점에서 보면 목적도, 목표도 없는 회의라는 의미다.

자유로운 의견개진이 어려운 '묵언수행 회의'

앞에서 이야기했듯이 우리나라의 많은 조직에서 하고 있는 회의는, 지금까지의 업무경과를 윗사람에게 보고하거나, 실무자들이 진행하는 업무에 대해 윗사람이 궁금해하는 사항을 답변하는 식이다. 그러한 틀에 갇힌 스타일로 회의를 진행하다 보면 주변 사람들, 특히 상사의 눈치를 예민하게 살필 수밖에 없다. 그렇게 분위기 파악에만 신경 쓰다 보면 상사가 묻는 말에만 답변하거나, 상사의 말이 끝날 때까지 중간에 끼어드는 발언은 피하고, 회의 끝에 한두 마디씩 형식적으로 첨언하면서 그 자리에 있었음을 알리는 게 전부인 경우도 많다.

특히 회의 주관자가 이미 마음속에 답을 정해놓고 시작하는 '답정너' 회의의 경우에는 더욱 심각하다. 이때는 참석자들이 최대한 말을 아끼는 것이 최선이다. 회의를 주최하는 상사가 정해놓은 정답이 있기 때문에 아이디어 차원에서 제안해봐도 "그건 당신 혼자만의 생각"이라며 구박받기 일쑤다. 그렇지 않다고 반박이라도 하면 회의가 길어지니 다른 사람들에게도 민폐다. 그러니 차라리 침묵을 택하는 것이다.

때로는 회의안건도 제대로 모른 채 호출된 참석자들에게 갑자기 한마디씩 해보라고 부추기기도 하는데, 준비할 시간도 없이 남들 앞에서 좋은 의견을 자신 있게 말하기란 쉽지 않다. 더 큰 문제는, 좋은 아이디어가 있어서 이야기를 꺼내면 100이면 100 "당신이 말한 아이디어니까 당신이 추진해 보라."는 답변이 돌아온다는 것이다. 안 그래도 시간 없고 바쁜데 누가 아이디어를 제안해서 일을 더 늘리겠는가? 당연히 회의 때 묵언수행으로 일관한다.

진정한 회의란,
문제해결을 위한 결과를 도출하고
실행까지 연결시키는 것

물론 회의가 이렇게 문제만 있는 것은 아니다. 회사라는 조직은 최고의 문제해결 집단이다. 회의를 통해서 새로운 아이디어가 도출되고 불가능했던 문제가 해결되는 쾌거를 이루기도 한다. 하지만 수많은 조직에서 정작 제대로 된 회의는 찾아보기 어렵다. 왜 그럴까? 그냥 무슨 일이 생기면 일단 회의부터 하고 보자는 식으로 접근하기 때문이다. 그러한 접근은 조직의 생산성과 효율성을 저해하는 핵심요소다.

회의는 본래 '책임져야 할 성과목표나 해결해야 할 과제에 대해 구성원들이 함께 목표달성 전략을 수립하고, 문제해

결 방법에 대한 상대방의 생각을 경청하며 토론하는 자리'
다. 단순한 정보전달이 핵심이 아니라, 원하는 성과목표나
문제를 해결하기 위한 결론을 도출함으로써 구체적으로 누
가, 어떤 일을, 언제까지, 어느 수준으로 완료해낼 것인지를
논의하고 합의하는 것이 바람직한 회의라고 볼 수 있다.

　이때 중요한 것은, 관리자 중심이 아니라 고객과의 접점
에 있는 실무자 중심으로 권한이 확실히 위임되어야 한다는
것이다. 급변하는 경영환경 속에서 예전처럼 현장에서 멀리
떨어져 있는 리더가 사사건건 의사결정을 하면 백전백패다.
성과도 나올 수 없다. 리더는 고객접점에 있는 실무자들이
자율성과 책임감을 가지고 성과를 창출할 수 있도록 동기부
여하고 지원해야 한다. 회의 역시 시대적 변화에 맞게 최소
인원만 모여 즉각적으로 의사결정하고 실행방안을 정하는
형태로 혁신해야 한다. 그런 의미에서 지금까지 우리가 해왔
던 회의문화를 혁신하기 위한 첫걸음은, 현재 우리가 어떻게
회의를 하고 있는지를 되돌아보는 현상파악이다. 다음과 같
은 질문을 던지며 냉정하게 분석해보라.

- 우리 조직에서는 실제로 회의가 어떻게 실행되는가?
- 시간은 얼마나 소요되는가?

- 어떤 종류의 회의를 하고, 몇 명이 참석하는가?
- 조직별로 얼마나 자주, 얼마나 오래 하는가?
- 그 회의의 결과는 회사의 성과에 얼마나 기여하는가?

이처럼 다양한 측면에서 현재의 회의를 파악해보면 혁신해야 할 부분이 반드시 드러난다. 이를 통해 회의의 종류와 프로세스를 실용적으로 간소화하면 참석자들의 시간이 절약되기 때문에, 회의의 진정한 목적을 되찾을 수 있다. 조직의 목표달성을 위해, 회의 참가자가 자유롭게 토론하고 최적의 방안을 도출하며 합의해야 한다는 목적의식을 갖고, 성과목표 중심으로 회의문화가 형성될 수 있도록 방법을 이해하고 적용해야 한다.

'원하는 결과물과 문제해결' 중심으로
회의를 바꾸는 법

1. 시간·횟수·비용을 수치화해서 회의현황을 공개한다.

'회의도 비용'이라는 인식을 모든 구성원에게 심어주는 것이 필요하다. 회의에 참석하기 위해 모인 사람들의 인건비, 자료를 만드느라 소요된 시간과 인력 등 모두가 비용이다. 회의준비와 실행에 소요되는 시간과 인력에 대한 비용을 돈으로 환산해보고 따져보면 제반요소의 낭비를 줄일 수 있다. 또한 이러한 비용을 지출하면서까지 꼭 회의를 해야 하는가에 관해 숙고해보고, 그럼에도 불구하고 해야 한다면 회의의 당위성을 확보할 수도 있다.

이처럼 회의에 소요되는 비용을 모두가 직시한다면, 회의문화를 개선해야겠다는 문제의식에 충분히 공감할 것이다. 당장 지난주 또는 지난달에 했던 회의의 횟수와 시간을 따져보고 거기에 투입된 인건비를 계산해보라. 앞서 보여준 사례처럼 직급별 평균임금 수준을 바탕으로 투입된 인건비를 시간으로 환산하고 총 회의시간과 횟수를 곱하면 된다. 대략적으로 여기에 3을 곱하면, 직접 인건비 외에 모든 비용을 고려하는 참고값이 된다. 가능하면 월단위로 회의를 얼마나 했는지 소요비용을 계산하여 공개하도록 한다.

이는 2가지 효과를 기대할 수 있다. 첫째, 무조건 회의부터 하고 보자는 방식이 얼마나 큰 낭비였는가를 반성할 수 있다. 둘째, 회의를 시작하기 전에 예상 소요비용을 미리 공개해서 회의 집중도를 높일 수 있다. 비용을 알면 회의를 주최하는 사람은 물론, 참석하는 사람들까지 과연 회의를 통해 그 비용 이상의 결과물이나 부가가치를 얻어낼 수 있는가를 고민하고 원가의식을 가질 수 있다.

2. 안건과 원하는 결과물을 사전에 공지한다.

'어차피 회의는 또 다른 회의로 이어지는 것'이라고 생각해서 딱히 정해진 결과를 얻으려는 의지가 별로 없는 경우가 많다. 그리고 회의라고 하면 왠지 창의적인 아이디어를 도출할 수 있는 좋은 장치라는 어렴풋한 생각을 다들 어느 정도는 가지고 있기 때문에, 긴장하기보다는 느슨하고 너그러운 마음으로 참석한다.

정보공유나 문제해결 등 다양한 이유가 있겠지만 궁극적으로 우리가 회의를 하는 이유는, 조직의 성과목표를 어떻게 하면 달성할 수 있을지에 대해 모여서 전략과 방법을 고민하고 도출하기 위함이다. 따라서 회의할 때는 월간, 분기 등 기간별 성과목표나 프로젝트 목표, 문제해결 과제 등 반드시 회의를 통해 얻어야 하는 결과물이나 성과목표를 사전에 공유해야 한다. 설령 사전에 공지하지 못했다 하더라도 회의를 주관하는 사람은 시작하기 전에 반드시 '오늘 회의를 통해 얻어야 할 결과물이 무엇인지'를 확실히 공유하고 나서 본격적으로 시작하는 것이 바람직하다.

당연한 말이지만, 회의도 일이다. 그래서 성과 중심으로 일하는 사람들은 회의라는 일을 했을 때도 반드시 원하는 결과물인 성과를 만들어내고자 한다. 회의를 하는 목적은 원하는 결과물을 도출하기 위해 다양한 의견들을 나누고 중요한 의사결정을 내리는 것이다. 조직에서 이뤄지는 활동 중 결과물이 없는 활동은 어디에도 없다. 무언가 액션을 취했다면 거기에는 반드시 의미 있는 결과물이 따라야 한다. 회의도 마찬가지다. 결론 없는 회의, 회의를 위한 회의는 차라리 안 하느니만 못하다. 회의를 했으면 회의의 목적에 따라 원하는 결과물을 만들어내야 한다.

3. 최소한의 인원만 참석한다.

회의를 주관하는 사람 입장에서는 최대한 많은 인원이 모이면 좋을 것 같다. 참석자가 많으면 그만큼 다양한 의견과 좋은 아이디어가 모일 것이라고 생각하기 때문이다. 그래서 그런지 윗사람들은 늘 "다 모여!"를 입에 달고 사는데, 실상 다 모이고 보면 올 필요가 없는 사람까지 온 경우가 대부분이다.

특히 팀회의를 할 때 "우리는 한 팀!"이라는 생각에 일단 팀원을 모두 참석시키는 경우가 많다. 그런데 작은 조직일수록 팀의 인원이 적기 때문에 각자 맡은 역할과 책임을 정해진 시간 내에 반드시 끝내야만 다른 일이 돌아간다. 그런 상황에서 이렇게 수시로 "다 모여!"는 노동력 낭비일 뿐이다.

때로는 내 업무와 관련 없는 회의에 참석해서 다들 무슨 이야기를 하는지 도통 알아들을 수 없는 경우도 있다. 회의 안건과 관련된 업무를 제대로 파악하지 못했기 때문에 회의에서는 당연히 내 의견을 낼 수도 없다. 처음에는 '내가 잘 모르는 업무지만 회의를 통해 일의 진행상황을 파악하라는 뜻이겠지.' 하고 나쁘지 않게 받아들인다. 하지만 무슨 이야기인지도 못 알아듣고 딱히 내놓을 의견도 없으니 시간이 갈수록 바보가 되는 것 같고 짜증이 난다. 더욱이 회의 때문에 업무시간을 빼앗겨 정작 해야 할 일을 제대로 끝내지 못하면 짜증은 분노로 발전한다. 거기다 '회의에서 언급된 업무까지 나더러 맡아서 하라는 암묵적인 지시인가?' 하는 생각에 혼자 깊은 고민에 빠지기도 한다.

한정된 시간 내에, 예를 들어 30분 내지 1시간 이내에, 회의를 통해 원하는 결과물을 얻기 위해서는 몰입이 중요하다. 참석자가 많아질수록 회의의 집중력이 떨어질 수 있으므로 회의시간 동안 원하는 결과물을 도출하기 위해 반드시 필요한 정예요원만 선별해야 한다. 그렇게 하면 참석자들이 '내가 왜 이 회의에 들어가야 하지?'라는 불만을 갖는 일도 사라진다.

그리고 참석자로 선정되면 회의시간을 엄수하고, 사전에 읽어야 할 것은 읽고 준비해야 할 것을 반드시 준비해 참석한다. 회의시간에 하지 말아야 할 행동 등 회의규칙을 지키면서 몰입한다면, 짧은 시간 내에 원활하고 효율적으로 좋은 결론을 도출할 수 있다.

4. 과거에 대한 질책보다 원인분석과 개선과제 도출에 중점을 둔다.

윗사람들이 자주 실수하는 것 중에 하나가 누군가를 꾸짖고 혼내기 위한, 그리고 일벌백계의 도구로 회의를 활용한다는 것이다. 그날의 타깃을 정해놓고 "일을 왜 이렇게 했어?", "그것도 일이라고 했나?" 등 모두가 모인 자리에서 화를 주체하지 못하고 질책하는 것이다. 자신과 의견이 좀 다르면 "그래? 그럼 그거 당신이 한번 해봐."라며 압박하기도 한다.

회의의 목적은 과거의 잘잘못을 따지고 야단치고 질책하는 게 아니라 발전적인 미래를 만들어내자는 데 있다. 미래지향적 코칭을 통해 앞으로 성과목표를 달성하기 위해 우리가 함께 어떤 일을 어떻게 해야 하는지 등 건설적인 의견이 오가야 한다. 화내고 혼낼 시간에 문제의 원인을 분석하고 개선과제를 도출하는 것이 훨씬 생산적이다.

리더는 우리가 일을 통해 얻고자 하는 결과물이 구체적으로 무엇인지를 질문해야 한다. 그 질문에 답을 찾기 위해 논의하다 보면, 일을 통해 기대하는 결과물의 수준이나 범위가 구체적으로 그려지고, 그러면 실무를 진행하는 사람들은 목표 중심으로 일하게 된다.

그리고 만약 이번 주에 원하는 목표를 달성하지 못했더라도 다음 주를 잘 활용하면 한 달 동안에 이뤄야 할 성과를 충분히 달성할 수 있다. 그러므로 리더는 과거의 결과와 실적에 대해 질책하고 혼내기보다는 앞으로의 목표 중심으로 논의해야 한다. 주간목표는 일종의 과정목표라는 생각으로 보고를 듣기만 하지 말고 현재 일이 얼마나 진행되고 있는지, 월간 성과목표 달성하는 데 무리는 없는지 피드백해주어야 한다.

5. 회의결과를 반드시 실행으로 이어지게 한다.

회의의 결론이 그저 문서작업으로 끝나지 않으려면 회의결과를 실행계획으로 연계하는 작업이 중요하다. 탁상공론으로만 끝나지 않으려면, 각 팀이나 개인이 그다음에 어떤 액션을 취해야 하는지에 대해 회의석상에서 역할과 책임을 명확히 한다. 시간이 부족할 경우 이메일 등으로 '누가 무슨 일을 언제까지 어떤 수준으로' 완수할지 반드시 공유해야 한다.

중요한 것은 회의결과를 실행으로 옮기는 것이다. 생산적이고 효과적인 회의란 바로 그런 것이다. 회의의 내용과 결과가 실행계획으로 연계되어 실천으로 이어져야 한다. 그렇다면 어떻게 해야 실행으로 잘 옮길 수 있을까? 실행대상과 실행방법을 얼마나 구체적이고 명확하게 정하느냐에 따라 달성여부가 판가름 난다.

모름지기 일을 할 때는 원하는 성과를 달성하기 위한 실행방법을 고민하는 데 전력을 다해야 하는데, 목표 따로, 계획 따로, 실행 따로…, 다 따로따로 생각하고 행동하는 사람들이 많다. 이런 사람들 때문에 회의와 실행계획이 연계되어야 한다는 것이다. 성과목표와 동떨어진 회의는 구성원들이 불필요한 시간낭비라고 느낀다. 마찬가지로 달성 가능성이 지나치게 낮은 실행방안은 일을 진행하는 데 아무 도움이 되지 않는다.

특히 분기, 월간, 주간 단위의 업무회의는 기간별 성과목표 달성을 위해 문제점과 원인에 대한 해결방안을 논의하고 개선과제와 만회대책을 고민하는 자리다. 그런 만큼 목표달성에 결정적인 과제를 타깃으로 정하고, 각각의 타깃에 맞게 가장 최적화된 실행계획을 수립하고 실행하도록 해야 한다. 성과목표와 관련된 현황을 다양한 자료와 의견을 통해 파악하고 달성방법을 논의하는 회의과정은, 현재 상태를 파악할 수 있음은 물론이고 최종 목적지까지 얼마만큼 근접했는지도 확인할 수 있다.

또한 회의 중에 언급된 이슈나 특이사항을 실행계획에 반영할 경우, 자신의 판단과 계획이 제대로 들어맞았는지 확인하는 과정에서 성취감을 얻을 수도 있다. 그리고 자신이 수립한 계획대로 실행했음에도 불구하고 기대했던 성과가 나오지 않았다는 것은 실행방법에 문제가 있었다는 것을 아는 계기가 된다. 다음 주 혹은 다음 달에 어떤 공략방법을 가지고 타깃에 접근할 것인지, 어떤 전략이 성과창출에 가장 유효할지 학습할 수 있다.

2

결재는 실무자가 하고자 하는 일의 실행방법, 절차, 일정, 소요예산을 결정하는 행위다.

일에 대해서 가장 잘 알고 있는 사람은 실행을 책임지고 있는 실무자다.

결재의 핵심은 '목표와 전략'이다.

위임전결은 직위와 직책별로 상위 리더에게 따로 결재받지 않고

독자적으로 일을 처리할 수 있는 직무범위와 사용할 수 있는

예산범위를 규정해놓은 것이다. 위임전결의 핵심은 '역할과 책임'이다.

결재

'계급과 업무' 기준이 아니라
'역할과 책임' 기준으로

목표를 이미 부여했는데
방법까지 일일이 지시해달라고?

    연말연시가 되면 대부분의 조직은 내년도 사업계획을 수립한다. 주로 '경영계획business plan'과 인력과 예산에 대한 '자원계획resources plan'이 큰 축이다. 내년도 경영목표를 설정하고, 각 본부별로 책임져야 할 성과목표를 정한다. 본부 단위에서 그에 따른 전략과 액션플랜을 수립하고 나서, 팀별로 혹은 개인별로 수행해야 할 핵심역할인 '전략과제'를 결정하고, 책임져야 할 성과목표를 결정한다. 각 단위조직과 개인이 책임져야 할 성과목표가 이미 결정되었기 때문에 성과목표를 제외한 다른 업무에 대해서는 정해진 규정에 따라 실행하면 된다.

 그런데 이미 목표를 부여받은 일에 대해 실행계획을 세우고, 실행할 때마다 일일이 위임전결 규정에 따라 또다시 결재를 받는 것이 통상적인 조직의 관례다. 업계에서 소문난 혁신적인 CEO들을 만나보면 가끔씩 이런 하소연들을 한다. 이미 목표를 부여받았으면 소신껏 실행하고 결과에 대해 책임지면 될 것을, 왜 일일이 실행방법을 결재해달라고 들고 오는지 도대체 이유를 모르겠다는 것이다. 아마도 실무자들의 마음속에는 결과에 대한 책임을 회피하고 싶은 심리가 있을 수도 있고, 어쩌면 그것이 가장 근본적인 요인일 수도 있다.

 또한 우리나라 기업의 조직문화 자체가 여전히 그리 유연하지 않다. 설령 역할과 책임이 명확하게 구분되어 있다 하더라도 막상 일을 실행할 때는 담당자가 관련 있는 리더나 조직에 미리 양해와 협조를 구하는 것이 예의에 어긋나지 않는 행동이라고 생각한다. 위임전결 규정에 따라 독자적으로 처리할 수 있다 하더라도, 전권을 행사했을 때 괜히 시건방지다는 둥, 너 잘났다는 둥 비아냥거림과 조소가 따라올 것 같아 두렵기도 하다. 그리고 만에 하나 잘못되었을 때 혼자 그 모든 질책을 뒤집어쓰지 않으려면 두루두루 원활하게 커뮤니케이션해두는 게 유리하다고 생각하는 부분도 분명히 있을 것이다. 그렇게 하지 않으면 조직 내에서 은근히 왕따 당하니까 말이다.

그런 마음을 전혀 이해 못하는 바는 아니지만, 이익을 추구하고 목적을 지향하며 일하는 공적인 조직에서 지나치게 인간관계를 의식하거나 일에 감정을 섞는 것은 모양새가 좋지 않다. 그리고 이러한 과정에서 필연적으로 소모될 수밖에 없는 시간과 에너지를 쓸데없는 낭비라고 생각하지 않는 것이 더 큰 문제다. 일할 때는 자신에게 부여된 역할과 책임에 따라 자기주도적으로 그리고 자기완결적으로 처리하는 것이 최우선이다. 그래야만 쓸데없는 낭비요인도 줄이고 정해진 시간 내에 일을 제대로 끝낼 수 있다.

왜 유능한 사람들이
수동적으로 마지못해 일하는가?

비품을 하나 사고 싶어도, 판촉에 사용할 전단지를 주문하고 싶어도, 휴가를 하루 내고 싶어도, 서류상에 작은 변경을 하려고 해도…, 조직에서는 위임전결 규정에 따라 결재를 받고 상사와 회사의 승인을 얻어야 한다. 의사결정의 기준이 되는 위임전결 규정은 단순히 문서화된 형식적인 규정이 아니라 모든 일을 추진할 때 기준과 원칙이 되는 운영 시스템이다.

위임전결 규정에 따르면 일반적으로 직위가 낮을수록 일에 대한 수행범위는 물론 예산범위도 적다. 프로젝트 예산이

5,000만 원인데 사원이 전결권을 행사할 수 있는 예산범위가 100만 원이라는 위임전결 규정 때문에 일을 주체적으로 진행할 수 없는 상황도 있다. 그리고 매사를 품의하여 결재 승인을 받아야 하기 때문에 결재권을 쥔 리더에게 모든 업무에 대해 '할까요, 말까요?', '이거 해도 되나요, 안 되나요?'를 물어봐야 하니 실행속도는 당연히 늦어질 수밖에 없다. 그리고 리더의 취향과 기분에 맞춰야 반려를 피할 수 있으니, 역량은 안 늘고 눈치만 는다.

무엇보다도 큰 문제는, 실무자가 의사결정권한이 없다 보니 일에 대해 주인의식을 갖지 못한다는 점이다. 주인의식이 없으니 자기주도적으로 일하지 않는다. 모든 일들을 리더에게 보고하고 아주 사소한 일도 일일이 '할까요, 말까요?'를 묻고 확인받는다. 점점 더 수동적으로 일하게 되고, 결과에 대해서도 무책임해진다. 자신이 결정을 내린 것도 아니고, 의지를 발휘한 것도 없으니, 일의 결과가 좋든 나쁘든 무감각해진다. 책임도 영광도 내 것이 아니라는 뜻이다. 이런 경험이 쌓여 소극적인 자세가 굳어지면 나중에는 의사결정뿐만 아니라 실행방법까지도 점점 더 많은 것을 리더에게 의존한다. 유능했던 신입사원이 무능한 관리자로 전락하는 과정이다.

결재와 위임전결 규정은 조직의 성과를 달성하기 위해 업무에 대한 일상적인 결정들을 누가 해야 하는가에 대한 기준을 정해놓은 것이다. 업무에 필요한 결정들을 적시에 효과적으로 실행하고, 업무활동에 대한 책임을 묻는 등 체계적으로 일하기 위해 반드시 필요한 시스템이다. 하지만 어느 순간부터 누구에게 업무수행의 귀책사유가 있는지를 따지는 근거로 활용되고 있다.

또한 예전의 위임전결 규정을 보면 팀장, 본부장, 사장까지 순차적으로 결재를 받도록 품의단계가 나누어져 있고, 합의, 협의, 참조까지 복잡하게 칸을 나누어놓았다. 과거에는 일을 하기 전에 리더의 의견을 묻는 것이 매우 중요했기 때문에 사안에 따라 좀 더 신중하게 의사결정하고, 관련 부서들이 일사분란하게 대처하도록 하기 위해서 여러 결재단계와 관련 부서의 합의와 협의를 세세하게 나누어 놓았던 것이다. 하지만 요즘과 같이 빠르게 돌아가는 세상에 그러한 번잡한 절차는 형식주의로 빠져버리는 결과를 초래했다. 결재, 품의제도와 직무범위 및 예산범위 등을 한정하는 위임전결 규정은 상사 중심의 통제 메커니즘의 가장 대표적인 유물이 된 것이다.

비효율적인 결재와 위임전결 제도,
역할과 책임 기준으로 바꿔라

사람에 따라 원칙 없이 업무를 위임한다.

현업에서 이뤄지는 위임은 주로 리더의 주관적인 판단에 따라 사람 중심으로 업무를 맡기는 형식이다. 리더가 보기에 믿을 만한 사람이면 아무리 중요한 일도 쉽게 위임하고, 남들 눈에는 역량이 충분한데도 리더가 보기에 탐탁지 않으면 작고 사소한 일도 위임하지 않고 일일이 간섭하고 통제한다. 때로는 해낼 수 없는 사람에게 큰 일이 맡겨지거나, 리더가 직접 해야 할 업무까지 구성원에게 떠넘기는 경우도 있다.

어쨌거나 리더가 자기 나름의 기준으로 맡고 있는 업무

를 나눠주는 것이 오늘날 현업에서 이루어지고 있는 위임이다. 그런데 업무는 나눠주지만 책임과 권한까지는 주지 않는다는 게 문제다. 실무자 입장에서 보면 책임과 권한이 없으니 매사에 리더의 간섭을 받아야 하는 한계에 부딪힌다. 업무를 맡아서 실행해도 전략과 방법을 스스로 의사결정할 수 없으니 주체적이고 창의적으로 일을 해낼 수가 없는 것이다.

지금처럼 고객의 니즈가 다양해지고 시장의 변화속도가 빠르면, 일의 진행단계마다 일일이 결재를 받는 방식이 더 이상 성과를 창출하는 데 도움이 되지 않는다. 업무도구가 정보화·시스템화되고 업무내용이 전문화·세분화됨에 따라 리더가 일일이 구성원들이 수행하는 업무내용에 대해 간섭하고 통제하는 것이 어려워졌기 때문이다.

리더가 원칙 없이 주관적으로 업무를 맡기는 것도 문제지만, 책임과 권한이 여전히 리더에게 집중되어 있어 구성원들이 능동적으로 일을 추진하지 못한다는 게 더 큰 문제다. 속도가 느릴 뿐만 아니라 현장의 다양한 요구에 제대로 대응할 수가 없기 때문이다. 업무를 맡길 때는 책임과 권한까지 위임해야 한다. 그래야만 구성원 스스로가 조직의 부가가치에 기여할 수 있도록 역량을 향상시키고, 합의된 성과목표에 따라 전략과 방법을 고민해 자율적으로 업무를 진행할 수 있다.

'업무와 직위'만 있지 '목표와 전략'은 없다.

우리가 평소에 접하는 위임전결 규정은 '업무와 직위' 중심으로 나누어져 있다. 그러다 보니 우리가 실행해야 하는 조직별, 개인별 '역할과 책임'에 따른 목표, 전략과는 연계성이 떨어진다. 한마디로 '결재 따로, 목표 따로'라는 말이다. 위임전결 규정을 '서류상의 기준'이라고 부르는 이유도 이것이다. 조직이 달성해야 하는 성과목표와 이를 공략하기 위한 전략이 반영되어 있지 않고 업무분장만 반영되어 있기 때문이다.

이러한 '업무와 직위' 중심의 위임전결 규정은 업무를 신속하고 효율적으로 처리하는 데 방해가 된다. 게다가 실무자는 주도적으로 일하기보다는 리더에게 의지하고, 의사결정에 대한 모든 책임을 다른 사람에게 돌려버린다. "본부장님이 기안서에 사인하셨잖아요?"라며 책임을 회피하려는 것이다.

지금과 같은 시대에 조직의 성과를 창출하려면 직위와 업무 중심으로 단순히 해야 할 일들을 나열한 위임전결 규정은 방해가 될 뿐이다. 조직과 개인이 목표를 달성하기 위해 책임져야 하고 제공해야 하는 가치에 대해서 명확히 과제화하고 기준을 제시하는 규정이 필요하다. 이를 위해서는 조직의 성과목표를 달성하기 위해 수립된 전략과 예산계획을 효과적으로 운영하고 구성원들이 역할과 책임을 다하도록, 업무실행 방법과 예산사용에 대한 의사결정 방식을 바꿔야 한다.

상위 리더가 너무 많은 것을 통제하고 감시한다.

조직은 다수가 모여 각자 정해진 역할에 따라 업무를 수행하는 집합체다. 특정 업무를 수행하거나 의사결정을 내려야 할 때 조직의 사업목적과 목표에 적합한 것인가를 검토하는 단계인 '결재決裁'를 거치게 된다. 결재는 결정할 권한이 있는 상위 리더가 하위 실무자로부터 요청받은 안건을 검토하여 승인하는 과정으로, 일하기 전에 리더의 권한을 빌려도 되는지 허락을 받는 것이다. 동시에 해당 업무행위의 책임소재를 분명하게 하고 서로 공유하게 해주는 절차다. 현장 실무자에서 최고경영자까지 여러 단계의 결재라인을 거쳐 운영되는 합의형식의 통로로, 우리나라 대부분의 조직에서 오랜 기간 보편적으로 사용해온 대표적인 내부 의사결정 방식이다.

문제는 결재제도가 전통적으로 의사결정권한이 상층부에 집중되어 있는 중앙집권적 형태인 데다, 중요한 의사결정은 결재를 통해서 이뤄져야 한다고들 생각하기 때문이다. 재무적인 행정서류에만 해당하는 것이 아니다. 사소한 운영에서부터 잡다한 업무처리에 이르기까지 의사결정이 연속적으로 이뤄지고, 그 가운데 반드시 결재가 포함된다. 지금까지 많은 조직들이 다단계의 관리감독과 품의, 결재를 통해 '인치人治'경영을 해왔는데, 사실상 불필요한 영역까지 상사에 의해 통제되고 감시되어온 것이다.

'목표와 전략'이 없고, '책임지는 사람'도 없다.

품의서를 살펴보면 누가 어떤 일에 대해 책임을 져야 하는지 구체적인 내용이 없다. 어떤 일을 하겠다는 것만 있고, 그 일을 어떻게 할 것인지에 대한 전략과 방법도 없다. 그래서 무슨 일이 어디서 어떻게 일어날 것인지, 누가 책임지고, 현재 상황은 어느 정도인지 알 수 없다.

예를 들어 교육비로 1,000만 원의 예산이 필요하다는 품의서를 올렸다. 대관료, 교재비, 다과비 등 예산집행에 대한 상세내역은 있지만, 목표와 전략 등 기획에 관한 내용은 대부분 누락되어 있다. 팀원에서 팀장으로, 팀장에서 임원으로 가는 결재라인에 따라 서명만 줄줄이 받을 뿐, 그 교육을 최초로 기획한 실무자가 어떤 목표와 전략을 가지고 일을 진행하려 하는지, 결재라인에 있는 결재권자들은 어떻게 보완적인 코칭을 했는지 전혀 알 수가 없다.

그리고 실무자는 책임회피를 위해 최상위 리더에게까지 결재문서를 올린다. 상위 리더에게 모든 결재문서가 집중되면 상위 리더는 업무가 과중해진다. 이렇게 여러 사람들의 사인을 받은 결재문서는 오히려 권한과 책임을 분산시킬 뿐, 오히려 누구에게도 책임을 물을 수 없는 모순에 빠진다.

사인하는 사람은 많은데 제대로 검토하는 사람이 없다.

의사결정을 하는 결재와 위임전결 규정의 경우, 직위와 업무 중심으로 여러 단계를 거치고 협조자와 검토자가 많다. 예상가능한 문제점을 놓치지 말고 다양한 의견을 검토하자는 취지에서 타부서의 협조와 검토를 거치는 것이다. 그렇게 서류에 사인하는 사람들은 많아졌지만 실상은 심도 있게 고민하고 지원해주는 협조자가 드물다. 그저 형식적으로 사인만 하고 넘기는 것이다. 만약, 협조자나 검토자를 포함해 결재자 중 해당 업무를 잘 모르는 사람이라도 끼어 있으면 보고서의 양도 대폭 늘어난다.

또 단계마다 개입하는 부서나 협조자들로 인해 의사결정 속도가 느려진다. 단적인 예로, 실시간으로 변동하는 환율이나 유가와 관련되어 지급한 처리가 관건인 긴급업무들은 오히려 결재 받다가 타이밍을 놓친다. 결재라인이 복잡해지는 시점은 조직의 규모가 점점 커질 때다. 부서가 새로 신설되고 인원이 많아지면서 의사결정에 많은 시간과 인력이 투입되는 것이다. 하지만 그에 따라 의사결정도 느려지고, 조직 전체의 활력과 경쟁력이 떨어진다.

'목표·역할·책임' 중심으로
결재와 위임전결 기준을 바꾸는 법

1. 위임전결의 원칙은 '역할과 책임'이다.

우리나라 조직에서는 오랫동안 사람 중심의 인사관리와 조직관리가 주류였다. 관리의 출발점이 '어떤 일을 하는가?'가 아니라 '누가 그 일을 하느냐?'였던 것이다. 그래서 위임전결 규정 역시 '직위와 직책' 중심이었다. 전결규정이 직위와 사람 중심이면 결재단계별로 역할 자체를 차별화하거나 세분화하기 어렵고, 모든 의사결정권이 상위 리더에게 집중되기 마련이다.

하지만 이제는 그 일을 하는 사람이 과장인지 차장인지

는 더 이상 중요하지 않다. 각자가 어떤 역할을 맡고, 어떤 책임을 지고 있느냐가 더 중요해졌다. 애초에 역할과 책임을 부여받을 때 능력과 역량, 연봉수준을 고려했기 때문에 이미 역할에 걸맞은 책임이 주어졌고, 책임을 다하기 위해 실행전략과 방법을 스스로 선택할 수 있다는 것이 전제되어 있다. 가령 A프로젝트에서는 과장을 돕기만 했던 대리가 B프로젝트에서는 과장에게 업무협조를 요청할 수도 있다.

이처럼 많은 조직들이 '직위가 아닌 역할 중심으로' 조직운영체계를 변화시키면서, 팀과 프로젝트 단위로 일을 진행하고 있다. 이런 방식에 제대로 정착되려면, 직위나 경력보다는 역할 중심으로 조직을 운영하고, 그 역할에 따른 책임이 무엇인가를 사전에 명확히 공유하고 일을 시작해야 한다.

위임전결 규정을 통해 실제 일하는 사람 중심으로 업무범위와 예산범위를 위임할 수 있는 구조로 바꿔야 한다. 실무자가 자신의 역할과 목표에 대한 성과책임을 명확히 하면 부서 간 상호간섭이 최소화되고 권한을 위임받아 더 능동적·주체적으로 일할 수 있다.

2. 기간과 성과목표 중심으로 결재한다.

일반적인 조직이 가진 나쁜 습관이 하나 있다. 어떠한 일이 발생하면 "보고서부터 올려라." 하고 지시하는 것이다. 결재서류로 올라오지 않은 사항은 일로 생각하지 않는다. 그만큼 '일은 곧 결재'이고, 결재 받지 않은 일은 일이 아니다. 실무자는 모든 일을 일일이 허락받고 통제받아야 하니 맥이 빠지고, 리더는 결재할 서류가 너무 많아 집중도가 떨어진다.

우리는 왜 결재를 올리고, 결재판에 사인을 할까? 결재의 목적이 무엇인가? '결재하기 위한 결재'가 아니라, 원하는 성과를 창출하기 위해서 하는 게 결재다. 그러려면 결재라인의 구성원들은 결재안건이 일을 위한 일인지 성과목표와 관련된 일인지 구분할 줄 알아야 한다.

"이 일을 할까요, 말까요?" 하고 묻는 결재에 대한 대답은 단지 행동에 대한 허락에 불과하다. 결재를 성과목표 중심이 아닌 일 중심으로 올리는 이유는, 실무자들이 시시콜콜한 일상적인 일도 허락받으려고 하기 때문이다. 만에 하나 잘못되더라도 결과에 대해서 책임지기 싫은 것이다.

앞으로는 결재를 올리기 전에 달성하고자 하는 성과목표를 중심으로 책임과 권한을 재정리해보자. 그러려면 먼저 개인이 조직으로부터 부여받은 역할을 바탕으로 기간별로 어떤 목표를 책임지고 완수해야 하는지 명확히 설정해야 한다.

월초에 각 팀과 개인이 이번 달에 수행해야 할 과제와 목표를 설정하고, 실행전략과 방법에 대해 결재라인에 있는 파트장, 팀장, 본부장이 사전에 일괄적으로 의사결정해준다면, 진행할 때마다 일일이 결재받아야 하는 번거로움을 피할 수 있다. 또한 실무자 입장에서는 일을 실행하기 전에 결재를 받아야 할 상위 리더로부터 충분히 코칭받을 수 있고, 결재 권자들도 실무자와 결재라인에 있는 사람들의 생각을 사전에 들을 수 있어서 훨씬 효과적으로 의사결정할 수 있다.

각자의 목표가 명확하고 의사결정을 적시에 할 수 있다면, 결재와 품의를 포함한 문서관리 제도가 없어도 어떤 일을 누가 어떻게 처리했는지 투명하게 알 수 있다. 구성원은 위임된 일을 목표에 따라 전략적이고 실행하는 사람이다. 때문에 '실행전략과 방법'은 실행하는 사람이 선택하도록 위임하고, 리더는 그가 선택한 '실행전략과 방법'이 성과창출에 얼마나 인과적이고 전략적으로 연계되어 있는지를 검증하면 된다. 그 과정에서 실무자가 할 수 없는 의사결정에 대해 결재해주면 되는 것이다.

3. 성과목표 중심으로 전략과 방법을 권한위임한다.

성과목표 중심으로 전략을 위임한다는 것이 무슨 뜻일까? 성과목표 달성을 위한 전략을 실무자가 스스로 수립하게 하고, 이를 실천하기 위한 구체적인 실행계획도 주도적으로 수립, 이행하게 만드는 것을 의미한다. 이때 리더는 코칭을 통해 공감대를 형성하는 수준에서 서포트한다.

리더는 정해진 기간 내에 자신이 책임진 조직의 성과를 창출해야 한다. 그러한 과제를 제대로 완수하려면 리더가 일일이 실행에 개입해서는 안 된다. 그보다는 실무자들에게 과제수행을 통해 달성해야 할 성과목표를 명확히 인지시키고 그 성과목표를 중심으로 전략을 위임하는 것이 중요하다. 이는 리더가 내야 할 성과를 확실하게 담보하기 위한 최선의 전략이기도 하다. 물론 이때 실무자의 수행역량이 일정 수준 이상이어야만 실행방법의 선택권한을 믿고 맡길 수 있다.

때문에 리더는 구성원들의 역량 수준과 관련된 객관적인 정보를 평소에 구체적으로 확보해두어야 한다. 또한 구성원이 가지고 있는 강점이나 가치관, 자아성찰을 위한 노력 등을 상시적으로 모니터링해서 향후에 성과책임과 권한을 적절하게 위임할 수 있도록 준비해야 한다. 특히 직무와 관련된 분야에 대해서는 도전적인 혁신과제 위주로 업무를 부여해서 리더가 구성원의 역량을 신뢰한다는 인식을 갖게 하는 것이 중요하다. 리더로부터 신뢰받는다고 느끼는 구성원은 스스로 의욕적으로 자신의 역량을 계발한다.

구성원들 역시 전략을 위임받는 과정에서 수동적으로 리더의 선택이나 판단에만 기대서는 안 된다. 어떻게 하면 우리 팀, 우리 부서의 성과목표를 달성할 수 있을지 창의적이고 실천적인 아이디어를 능동적으로 개진하고 이를 통해 실력을 인정받아야 한다. 누구보다도 자신이 일을 맡기기에 믿을 만하다는 것을 실력으로 증명해 보여주라는 뜻이다. 리더가 발견하기 전에 스스로 먼저 역량을 보여주는 것이 중요하다는 사실을, 리더는 구성원들에게 제대로 인식시켜야 한다.

성과목표 달성을 위한 전략위임을 통해, 구성원들은 리더의 지시나 감시, 통제에 의해 움직이는 '아바타'가 아니라 창의적으로 고민한 실행방법을 능동적으로 실천할 수 있는 진정한 '성과 주체자'로 거듭난다.

4. 실무자의 독립적 역할과 책임을 인정하고 결재단계를 최소화한다.

결재와 관련된 이런저런 문제를 해결하기 위해 글로벌 기업의 사례를 벤치마킹하는 조직들이 있다. 예를 들면 결재라인을 5단계에서 3단계로 줄이는 것이다. 처음에는 의사결정이 빨라지는 것 같지만, 시간이 지나면 몇 단계이든 상관없이 또 제자리걸음하는 것을 느낄 수 있다. 왜 그럴까? 상위 리더가 하위 조직이나 실무자가 하는 일에 대해 일일이 의사결정해야 한다는 사고방식을 바꾸지 못했기 때문이다. 우리나라 조직에서는 여간해서 뿌리 뽑기 어려운 사고방식이다.

선진기업 사례를 무조건적으로 도입할 것이 아니라, 우리 조직만의 고질적인 문제점을 함께 뿌리 뽑을 수 있는 해결책을 찾아야 한다. 우리나라에서 가장 근본적으로 바뀌어야 할 인식은, 실무자가 그 일에 적임자라는 사실을 인정하고 온전히 맡기는 것이다. 역할에 따라 책임을 부여하고 실행권한도 부여해야 한다. 하지만 여전히 많은 리더들은 자신도 과거에 실무를 경험했고, 업무내용도 누구보다 더 잘 알고 있다고 착각한다. 그래서 하나하나 자기 허락을 받고 진행하면 리스크를 방지할 수 있다고 생각한다. 돌다리도 두드려보고 건너자는 심정으로 꼼꼼하게 챙겨주겠다는 말이다.

하지만 실무자 입장에서 보면 의욕이 뚝 떨어지는 소리다. 윗사람이 모든 것을 통제하겠다거나 자신이야말로 최고의 전문가라는 생각은 일종의 과욕이다. 리더 자신이 실무를 맡았던 20년 전과 지금의 경영환경은 완전히 다르다는 것을 왜 알면서도 모른 척하는가? 현재의 환경에서 그 일을 제일 잘 알고, 제일 잘할 수 있는 사람은 실무자라는 사실을 인정해야 한다. 대신 자신은 전반적인 흐름을 볼 수 있으니 넓은 관점에서 예상되는 리스크를 예방하고 실무자들을 코칭하면 된다. 이 시대의 리더는 그런 역할을 해야 한다.

물론 조직의 분위기나 기업문화에 따라 중간에 낀 리더도 곤란한 경우가 많을 것이다. 최고경영자나 상위 리더의 의식이 바뀌지 않아서 말이다. 리더가 임원에게 심지어 사장에게까지 실무 진행사항을 일일이 보고하고, 그 와중에 질문에 정확히 대답을 못하면 호되게 질책당하는 회사도 있다. 일을 제대로 챙기지 않는다고 야단맞고 심지어는 옷 벗는 일까지 있으니, 리더 입장에서 실무의 소소한 일들까지도 일일이 챙기는 게 당연하다. 하지만 이런 퇴행적 조직은 차츰 침몰할 수밖에 없다.

'역할'을 맡은 실무자가 '책임'을 지기 위한 실행전략과 방법을 1차적으로 제안할 수 있는 권한을 가지고 있으며, 그 일을 가장 잘 알고 잘할 수 있는 사람이라는 것을 인정하는 분위기를 정착시키는 것이 가장 중요하다. 그러지 않으면 늘 이중삼중으로 실무자가 하는 일을 믿지 못하고 누군가가 세세하게 들여다봐야 한다.

근본적으로는 이러한 문제를 해결하면서 동시에 결재 시스템의 문제까지 개선하는 것이 좋다. 불필요한 단계가 무엇인지 조직 차원에서 대대적인 개편을 하거나 팀 단위로 조정한다. 요즘은 팀 단위로 일하는 경우가 많기 때문에 결재 또한 팀 단위로 살펴보면 좀 더 효율적으로 개선할 수 있을 것이다. 팀 내 결재 시스템만 간소화해도 팀장은 자신의 팀만 관리하면 되고 부서장이나 본부장은 여러 팀의 일을 포괄적으로 한눈에 파악할 수 있다.

5. 평가권이 없으면 결재권도 주지 마라.

결재를 한다는 것은 일의 결과에 대해 평가할 수 있는 권한이 있다는 것이다. 평가권이 없는 사람에게는 결재권도 주어서는 안 되는 것이 원칙이다. 이제까지 우리나라 조직의 품의, 결재 시스템은 실행전략과 방법이 타당한지를 보증해주는 개념이 아니었다. 그보다는 규정에 어긋나지 않는지, 실행하는 데 빠뜨린 것은 없는지를 꼼꼼하게 체크한다는 의미가 강하다. 결재해야 할 내용을 잘 모르더라도 상위 조직의 리더니까 밑에서 진행되는 일의 내용을 알아두어야 한다는 측면도 강했다.

일상적이고 반복적인 업무들은 대부분 팀원들 스스로 자기전결을 해도 큰 문제가 없다. 그렇지 않은 일들 역시 팀장선에서 결재하면 큰 문제가 없다.

6. 능력과 역량 중심으로 위임한다.

업무에 대한 실행방법이나 실행행위를 위임하고 싶어도 맡길 만한 사람이 없다고 불만을 토로하는 리더들이 많다. 그런 경우 구성원에 대한 신뢰가 부족하거나, 기존의 인력을 적재적소에 배치하지 못했다는 문제점이 있는데, 한편으로는 실제로 현재의 구성원이 발휘할 수 있는 역량수준이 낮기 때문일 가능성도 있다.

이 문제에 대해서는, 인사 부서와 리더가 '어떻게 하면 그 일에 가장 잘 맞는 최적의 인재로 조직을 채울 것인가?' 라는 고민을 할 필요가 있다. 마치 프로 스포츠 구단이 각각의 포지션에 맞게 최고의 인재들로 선수진을 구성하는 것처럼, 회사나 팀도 각 부문별 최고의 인재들로 조직을 채워야 한다. 이를 위해서는 인사 부서와 리더가 현재 구성원들의 능력과 역량을 정확하게 진단하고 앞으로 요구되는 필요 인재의 요건에 대해서도 구체적으로 꿰뚫고 있어야 한다.

그 이후 인재가 채용되고 부서에 배치되면, 그들이 마음껏 역량을 발휘할 수 있도록 최소한의 원칙을 정하고, 자율과 책임을 바탕으로 업무를 수행하면서 성과를 창출하는 동시에 성장할 수 있도록 돕고 지원해야 한다.

3

소통의 핵심은 정보의 신뢰성과 정확성이다.
소통의 본질은 지속가능한 성과창출이다.
소통의 과정은 인간 중심이어야 한다.
소통의 방향은 과거가 아닌 미래다.

소통

'해야 할 일과 설명' 중심에서
'목표와 숫자' 중심으로

조직에서 소통 안 하는 자,
숨 쉬는 공기도 아깝다

직장생활은 소통에서 시작해 소통으로 끝난다. 모든 일이 소통이다. 조직의 목표를 달성하기 위해 원하든 원치 않든, 업무와 관련된 모든 이해관계자와 소통을 해야만 한다. 메일이나 서류를 통해서 의견을 주고받기도 하고, 식사나 티타임을 가지면서 대화를 나누기도 한다. 이 모든 게 소통이다. 그런데 이 소통이 원활하고 질 높게 이뤄지는 경우가 많지 않다. 그래서 요즘 어느 조직이나 소통이 가장 큰 화두로 떠오른 것이다.

한 포털사이트의 설문조사 결과에 따르면 직장인 10명

중 9명은 소통에 어려움을 겪었다고 한다. 리더나 동료와 소통이 안 돼 좌절감을 맛보고 빈번하게 이직을 고민한다는 것이다. 소통문제로 갈등을 겪고 혼자 속을 끓이다 보면 극심한 스트레스로 두통, 우울증, 화병에 걸리기도 한다. 비단 개인 간의 문제만이 아니다. 부서 간에도 소통의 오류로 이런저런 손실이 끊이지 않는다.

조직에서 우리가 소통하는 상대는 전혀 다른 가치관과 경험을 가진 사람이 대부분이다. 이 세상 어디에도 나와 같은 가치관, 환경, 경험, 생각 등을 가진 사람은 없다. 오히려 글로벌화, 다민족화가 빨라지면서 소통의 대상은 더욱더 다양해졌다. 설령 나와 생각이 비슷한 사람을 만났다 하더라도, 국적이 다르고 민족적 특성이 다르면 똑같은 말도 서로 다른 의미로 받아들일 수 있다. 조직에서도 마찬가지다. 관심사가 비슷하고 하나의 목표를 향해 팀으로 뭉쳐 함께 달리고 있어도 전공이나 경험, 추구하는 가치관에 따라 '같은 정보를 다르게 해석'하기 일쑤다. 이처럼 우리의 소통환경은 점점 더 복잡하고 어려워져간다.

명심해야 할 점은 하나다. 조직에서의 소통은 서로의 생각과 경험이 다르더라도 함께 발전적이고 긍정적인 영향력을 형성하여 원하는 성과를 달성해내기 위해 이뤄져야 한다는 점이다. 하지만 현실에서는 똑같이 '성과'를 원하는데도 소통이 잘 안 된다. 왜 그럴까? '성과'에 대해 서로 다르게 알고 있기 때문이다.

일정대로 일을 끝내거나, 해야 할 과제를 해내는 수준을 '성과'로 오해하는 경우가 대부분이다. '일정'이나 '과제'에는 '성과'가 담겨 있지 않다. 사전에 성과의 기준을 정해놓지 않았기 때문에 여태까지 늘 해왔던 익숙한 절차대로, 깊이 생각하지 않고 습관적으로 일을 하는 것이다. 그러니 '성과'가 나지 않는 것이다. 개선하지 않고 혁신하지 않으면 미래에 발전은 없다.

특히 자신과 다른 직책을 가진 사람과 대화할 때 이 문제가 극명하게 드러난다. 대체로 윗사람은 자기보다 직책이나 직위가 낮은 사람에게 일방적으로 전달하는 것을 '소통'이라고 착각한다. 같은 목표를 가지고 있으니 대충 말해도 잘 알아들을 거라 짐작하는 것이다. 최대한 자세히 말해도 커뮤니케이션 오류가 일어나게 마련인데, 이를 간과하고 대충 짧게 설명을 끝낸다.

사실 소통문제만 해결하면 조직 내부의 웬만한 문제들은 모두 해결할 수 있다고 봐도 과언이 아니다. 소통은 인지적·행동적·성향적·언어적·대인적·관계적 관점 등 다양한 관점으로 정의되는 복잡다단한 과정이다. 그만큼 소통을 잘한다는 것은 전반적인 사회적 능력이나 대인관계 능력이 뛰어난 것으로 평가받기도 한다. 원활하게 소통하는 사람은 상대로부터 신뢰감과 호감을 얻을 수 있고, 그래서 협업과 팀워크의 수준을 향상시킬 수 있다. 또한 크고 작은 오해를 풀고 분노를 해소할 수 있기 때문에 개인 간 혹은 부서 간 갈등, 높은 이직률 등 조직이 당면한 여러 가지 문제를 해결할 수 있다.

이처럼 모든 일은 소통에서 시작해 소통으로 끝나는데, 왜 조직에서는 소통이 잘 안 되는 걸까?

분통 터지는 불통조직,
근본적인 원인을 간과했다

소통을 잘하자고는 하는데
왜 잘해야 하는지 '소통의 목적'을 모른다.

소통communication이란 전달, 의미, 정보, 공통 등의 개념을 포함한 라틴어commūnǐcátǐo에서 유래되었다. 한자로는 소통할 '소疏', 통할 '통通' 자를 쓴다. 둘 이상의 사람 사이에서 정보, 생각, 사실 등을 흐르게 한다는 것이 소통의 목적이다. 일반적인 상황에서는 전하고자 하는 바가 막힘없이 잘 흘러가면 '소통이 잘되었다.'고 말할 수 있다.

하지만 직장에서의 소통은 좀 다르다. 직장 내 소통은

A에서 B로 막힘없이 잘 흐르기도 해야 하지만, 반대방향인 B에서 A로도 잘 흘러야 한다. 일방적으로 A가 주고자 하는 바를 B가 잘 받았다고 해서 소통이 끝난 것이 아니다. 정보를 전달하고 나서 추가적인 일을 통해 부가가치를 창출해야 하기 때문에, 역으로도 소통이 잘되어야 한다. 하지만 대부분의 조직에서는 일방향 소통만 잘된다. 주로 상사가 부하에게 전달하는 소통이다.

일상생활에서의 소통은 상대방의 말을 100% 이해하지 못해도 된다. 고개를 열심히 끄덕거리며 경청만 잘해도 상대방을 만족시킬 수 있다. 하지만 조직에서는 절대로 그러면 안 된다. 물론 경청도 중요하지만 조직에서의 소통은 명확한 정보교환이 최우선이다. 왜 소통을 하는가 하는 소통의 목적을 잊어서는 안 된다. 상대방의 정서적 만족을 위해서가 아니다. 정보를 서로 명확하게 공유하고, 그 정보를 바탕으로 성과목표를 달성하는 것이 소통의 목적이다.

**'과제'와 '결과물'을 구분하지 않고
'해야 할 일'과 '일정'에 대해서만 소통한다.**

그런데 문제는 소통할 때 '과제'와 '결과물'을 구분하지 못한다는 것이다. '과제課題'는 하고자 하는 일이고, '결과물'

은 목표를 달성했을 때 얻어지는 것이다. 그것을 정확하게 구분하지 않고 소통하기 때문에 오해가 생긴다.

우리나라 조직들은 대부분 과제와 일정 중심으로 일해왔다. 소통할 때도 마찬가지였다. '일정'을 '목표'로 생각하고, 수단과 방법을 가리지 않고 정해진 기간 내에 과제를 완료해야 한다고 생각해왔다. 때문에 결과물의 질적인 측면, 즉 품질에 대해서 논란의 여지가 많았다.

일정 이내에 완료하기만 하면 끝이라고 생각해왔기 때문에 결과물의 수준이나 품질에 대한 고민은 별로 하지 않았다. 그래서 일을 시작하기 전에 결과물에 대해 충분히 고민하고, 결과물 중심으로 실행계획을 세우는 데 익숙하지가 않다. 여기서 반드시 집고 넘어가야 할 것이, 일을 통해 완성해 낸 결과물의 품질수준은 충분조건이고, 해야 할 일과 일정은 필요조건이라는 것이다.

일을 시키거나 요청받을 때, 무엇을 부탁하거나 부탁받을 때, 서로의 요구사항을 명확하게 이해시켰는가? 양쪽의 공감이 합쳐지는 소통의 기준을 어디에 둘 것인가? 이 문제는 원활한 소통에 있어 매우 중요하다. 해야 할 일과 일정에 초점을 맞춰서 일을 진행하고 소통하다 보면 늘 예상치 못한 장애요인을 만나게 되고, 결과물에 대한 품질기준에 대해 서로 다르게 생각해 문제가 생긴다. 그렇게 되면 업무보다 그 오해를 해결하는 데 더 많은 시간과 에너지를 쓴다.

**무의식적으로 서열을 따지고
군대처럼 상명하복식으로 대화한다.**

우리만 그런 것은 아니겠지만, 우리나라 사람들은 특히 둘 이상이 모이면 서열 따지길 좋아한다. 몇 살인지, 어느 학교 나왔는지, 어느 회사에 다니는지, 직급이 뭔지 등을 물으며 다양한 기준으로 누가 위고 누가 아래인지를 정리한다. 이런 분위기는 조직에서도 똑같이 적용된다. 위계문화가 뿌리내리게 된 것이다. 조직문화에 관한 많은 연구들이, 직장에서 체감하는 군대식 문화 중에서 상명하복식 의사소통이 가장 문제점이라고 지적한다.

대체로 리더의 위치에 있는 사람들은 자신이 소통을 잘하고 있다고 생각한다. 지시하는 입장이니까 하고 싶은 말, 전달하고자 하는 바를 언제든 쉽게 이야기할 수 있기 때문이다. 반면에 상대적으로 직위가 낮은 실무자들은 리더들에 비해서 조직 내 소통이 원활하지 않다고 생각한다. 위에서 아래로 정보가 흐르는 것은 쉽지만, 반대로 실무자가 위로 정보를 올리기가 어렵기 때문이다. 안건을 결재 받아야 하는 시스템적인 문제는 차치하고, 일상적인 대화 속에서 나보다 지위가 높은 사람에게 자유롭게 의견을 이야기할 수 있는 사람은 별로 없다.

문제해결보다 인간관계를 중시하고
감정적·추상적 표현으로 불명확하게 전달한다.

동서양의 문화적 특성을 연구한 인류학자 에드워드 홀 Edward T. Hall에 따르면 상대방과의 관계를 중시하는 동양문화권에서는 문제해결보다는 감정과 인간관계를 중시해서 간접적이고 함축적인 대화를 더 많이 한다고 한다. 반면 서양인들은 관계나 사회적 의미보다 개개인을 중시하는 관점을 가졌고, 이러한 동서양의 관점 차이가 대화에서도 나타난다고 한다. 실제로 우리는 누군가를 불편하게 하거나 상처가 될 만한 이야기를 단도직입적으로 하지 않는 편이다. 직접적으로 말하기보다는 추상적이고 은유적인 표현을 즐겨 사용한다. 명확한 것보다는 두루뭉술한 표현을 좋아하기 때문에 일할 때도 서로 다르게 해석하거나 잘못 알아들을 수 있다.

조직 차원에서 이러한 소통의 어려움을 해결하기 위해서 여러 가지 해결방안을 제시하지만 보여주기식 해결책인 경우가 많다. 여전히 계급적인 문화와 유교적 사상에 익숙하다 보니, 최고경영자나 임원이 지나가는 말로 "우리 회사는 소통이 잘 안 되는 것 같다."고 던진 한마디에 전 조직이 비상에 걸려 '소통 잘하는 법', '소통을 위한 워크숍', '소통 전문 강사 초빙' 등 보여주기식 액션을 취한다. 또한 부서 간 소통을 위한 회식, 팀장 소통을 위한 모임을 추진하고, 소통을 가장 어려워할 사원급을 위한 사내 익명게시판 등을 운영하기도 한다.

하지만 이렇게 저렇게 해봐도 소통이 잘되지 않는 데는 이유가 있다. 우리 조직에서 왜 소통이 잘 안 되는지에 대한 근본적인 원인을 파악하지 못했기 때문이다. 근본적인 원인을 찾으려면 먼저 소통을 왜 하는지, 소통의 목적을 명확하게 규정해야 한다. 그래야 원인도 알 수 있고, 해결책도 제대로 찾을 수 있다.

'숫자와 목표' 중심으로
소통을 혁신하는 법

대부분의 사람들은 소통을 '말하고 듣기'처럼 누구나 할 줄 아는 기본기나 상식이라고 생각한다. 그래서 올바른 소통 습관을 제대로 배워보거나 실천하려는 노력이 필요하다고 생각하지 않는 편이다.

우리가 익히 알고 있는 소통방법은 사람과 사람 사이에서 일어나는 소통문제를 해결하기 위한 것이다. 하지만 일반적인 상황에서 발생하는 소통문제와 조직 내 소통문제는 다른 관점에서 접근해야 한다. 일반적인 소통은 정보공유를 통해 상대방과 더 친밀한 관계를 유지하거나 공감대를 형성하고 서로 도움을 주고받는 선에서 마무리된다. 반면 조직에서의 소통은 궁극적으로 조직의 성과목표를 달성하는 것이 목적이기 때문에, 거기에 초점을 맞추어 학습하고 노력해야 한다.

1. 누가 무엇을 언제까지 어떻게?
'결과물' 중심으로 명확하게 소통한다.

잘못된 소통의 제1원인은, '결과물에 대한 사전합의가 없다.'는 것이다. 어떤 결과물을 원하는지 사전에 합의하지 않고 무작정 일을 시작하면 실행과정에서 일을 시킨 사람과 실행하는 사람 사이에 비대칭적 소통이 전개된다. 시킨 사람은 실행하는 사람이 말귀를 못 알아듣는다고 생각해 답답하고, 실행하는 사람은 시킨 사람의 의도를 몰라 '뭘 어쩌라는 거야?' 하며 짜증 나고 스트레스 받는다. 앞에서도 강조했지만, 정해진 일정 내에 어떻게든 일을 끝내는 것이 중요한 것이 아니다. 일정 이외에도 과제수행의 결과물을 사전에 합의한 수준만큼 제대로 도출하는 것이 중요하다.

문제를 해결하려면 우선 '과제'와 '원하는 결과물'을 분리해서 생각하는 훈련을 해야 한다. 그리고 '원하는 결과물'의 내용을 구체적으로, 마치 이루어진 것처럼 자세히 묘사

한다. 또한 일을 시작하기 전에 그 일의 배경과 의도, 원하는 결과물, 완료일정, 애로사항의 해결방안, 기존에 하던 일의 순서조정에 대해서도 서로 긴밀하게 소통해야 한다.

결과물은 행위 자체가 아니라 행위의 목적이다. 여러 행위들을 거쳐 결과물이 만들어지는 것이기 때문에 행위들은 객관적으로 표현할 수 없어도, 결과물은 반드시 객관적으로 표현할 수 있어야 한다. '객관적'이라 함은 정량적이고 수치화된 형태로 표현하는 것을 말한다. 결과물을 정량화하고 객관화하지 않으면, 그것을 실행하기 위한 행위 역시 구체적으로 결정할 수 없다. 또한 업무에 필요한 예산이나 시간을 산정할 때는 '과제' 중심으로 생각할 것이 아니라, '원하는 결과물'을 달성하는 데 소요되는 시간과 비용을 따져야 한다.

한편, 일을 부여받는 입장에서는 하나 더 고려해야 할 것이 있다. 현재 어떤 일을 하고 있는데 그 일을 지시한 리더보다 더 높은 직책의 리더가 다른 일을 지시했을 때 어떤 것을 먼저 해야 할까? 쉽게 말해 부장님이 시킨 일을 하던 중에 상무님이 또 다른 일을 부탁한다면 뭘 먼저 해야 하느냐는 말이다. 얼핏 상무님이 시킨 일이 더 중요해 보여서, 부장님이 시킨 일을 미뤘는데, 나중에 알고 보니 그 일이 훨씬 더

급하고 중요한 경우도 있다. 일을 시킨 사람도, 실행하는 사람도, 일의 경중과 우선순위에 대해 제대로 의사소통하지 못해서 벌어진 일이다.

일을 요청할 때 흔히 '빨리' 혹은 '천천히'라고 말한다. 그런데 그 기준이 사람마다 달라서 문제가 생기는 것이다. 부장님의 '천천히'는 '오늘 퇴근 전까지'인데, 상무님의 '빨리'는 '내일까지'라면 어떻겠는가? 원하는 시간에 결과물을 받아볼 수 없을 가능성이 커진다.

"아까 그거 빨리 처리해줘요."라며 업무를 요청하면 실무자는 '그거'가 뭔지 대충 눈치로 짐작해야 하고, '빨리'의 기준도 서로 달라서 오해할 수 있다. 그보다는 "보고서 1장에 A대리점에서 일어난 고객 불만사항에 대한 상황요약과 해결책, 대안을 정리해서 오늘 오후 4시까지 부탁해요."라고 전달하면 어떨까? 해야 할 일과 원하는 결과물을 같이 이야기하므로 명확한 소통이 가능해진다.

지시하고 통제하는 분위기 속에서 해야 할 일과 일정 중심으로 소통하면 리더도 실무자도 시간이 늘 부족해진다. 명심해야 할 점은, 우리가 조직과 개인의 성과목표를 달성하기 위해서 일하는 것이고, 소통 또한 일의 목적과 목표에 연계되어야 한다는 것이다. 맡은 업무를 수행하는 데만 매몰되면 자신의 현재 상황과 환경을 바라볼 수가 없다. 전체의 큰 그림을 인식하지 못하는 것이다. 마찬가지로 소통 역시 자신의 입장과 위치에서만 생각하고 말하기 때문에 무엇을 위해 일하는지 모른 채 이루어진다. 목표에 대한 명확한 정의가 없으면, 배가 산으로 가는 것은 순식간이다. 목표가 아니라 해야 할 일, 즉 '행위'만 합의하고 일하면 실행과정에서 일을 시킨 사람과 실행하는 사람 사이에 비대칭적 소통이 점점 더 심화된다.

2. 주관적 의견이나 감상, 은유, 비유는 빼고 '객관적 사실' 중심으로 소통한다.

사람은 누구나 자신이 상대방보다 많은 경험과 지식을 가지고 있다고 생각하면 우월감을 느끼게 마련이다. 그러면 상대방과 대화할 때 그가 주는 정보에 대해 의심하고, 자기 의견을 정답으로 몰고 가려고 한다. 특히 리더는 자신이 구성원들이 하는 모든 일을 다 안다고 생각한다. 그래서 자신이 모든 의사결정을 다 해주는 게 옳다고 믿는다. 리더, 어른, 전문가 등의 이름으로 살아온, 나름대로 경험이나 지식이 좀 있다고 생각하는 사람들은 자신이 다른 이들을 이끌어주어야 한다는 강박관념을 가지고 있는 것 같다.

그런데 이러한 의식은 조직에서 긍정적인 면보다 부정적인 면이 훨씬 더 크다. 리더가 편견, 독선, 도그마, 선입견, 과거의 성공이나 실패경험 등에 빠지면 실무자와의 소통에 문제가 생긴다. 객관적 사실을 있는 그대로 보지 못하고 자신의 내적 기준으로 굴절해서 보기 때문이다. 그러면 실무자들은 어차피 리더가 자기 마음대로 의사결정을 해버릴 것이기 때문에 침묵하면서 대화가 진척되는 것을 막아버린다.

업무를 수행할 때는 경험에 의한 주관적인 의견보다는 현재 실무자가 업무를 수행하고 있는 현장의 객관적 사실을 중심으로 소통해야 한다. 경험과 지식, 입장과 위치가 다르면 같은 언어도 다르게 해석되는 법이 아닌가? 그러니 객관적 사실 중심으로 소통해야 논리적인 대화와 설득이 가능하다. 또한 지금 발생한 문제를 해결하고 향후에 문제가 생길 위험을 줄이기 위해서는 주관적 의견과 객관적 사실을 구분해서 설명해야 한다.

가장 쉬운 방법은 괜한 은유나 비유, 수사적 표현을 쓰지 않는 것이다. 해석의 차이가 생기지 않도록 방지하기 위해서다. 현재 시장의 환경은 어떠한지, 기준 대비 어떠한 전략실행이 문제였는지, 어떻게 만회할 수 있는지를 객관적인 숫자를 근거로 소통하면 상대방을 설득하기 쉽다. 자신의 내면에 지금까지 축적되어온 경험치와 지식 데이터베이스를 활용하여 사물이나 상황을 주관적으로 판단하지 말고 현상·현장·현물의 객관적 사실을 기준으로 분석·판단·평가하고, 소통하는 것이 중요하다.

3. 서로 미루지 말고
내가 먼저 선제적으로 최소 3회 소통한다.

조직에서 소통은 의무다. 문제가 발생하거나 기간별로 역할과 책임을 논할 때 시간대별, 일정별로 반드시 해야 할 소통이 있다. 일상생활처럼 지금 기분이 좋지 않다고, 시간이 없다고 소통을 임의대로 미룰 수 없다. '나중에 이야기해도 되겠지?'라는 안일한 생각 때문에 사소한 문제가 손쓸 수 없는 큰일로 번지기도 한다. 화재가 났을 때 초기진화가 중요한 것처럼 소통을 해야 할 시기를 놓쳐버리면 재투입해야할 자원과 비용이 막대해진다.

그런데 문제는 소통을 서로 미룬다는 것이다. 리더도, 실무자도 상대방이 먼저 소통하기를 기다린다. 리더 입장에서는 '내가 너무 닦달하면 싫어하겠지?' 혹은 '실무자가 미리미리 소통해야지 윗사람인 나보고 먼저 챙기라고?'라는 속좁은 생각으로 먼저 말하지 않는다. 한편, 실무자 입장에서는 '별로 중요한 일도 아닌데 괜히 귀찮게 해드리는 거 아니야?' 혹은 '말해봐야 화만 내실 텐데 일단 좀 미루자.'라고 혼자 결론 내린다.

선제적 소통은 리더에게나 실무자에게나 매우 중요하다. 리더가 먼저 소통하면 실무자로부터 정보를 얻을 수 있는 물꼬가 트이는 셈이다. 실무자는 언제 소통하면 좋을지 눈치 보고 있었는데, 리더가 말을 먼저 걸어주면 자연스럽게 소통할 수 있어서 좋다.

반대로 실무자가 먼저 소통해주면 리더 입장에서는 해줄 수 있는 것이 많다. 문제가 있다면 실시간으로 대비하도록 도와주고, 지원해야 할 일이 있으면 시기적절하게 지원해줄 수 있기 때문이다. 실무자는 리더와 동료들에게 업무가 어디까지 진행되고 있는지 먼저 다가가서 소통하는 것이 바람직하다. 주위 사람들이 궁금해하며 자신을 찾아올 때까지 기다려서는 안 된다. 또한 일이 다 끝난 후에 결과를 통보하듯 던지지 말고, 먼저 현안과 해결책을 선제적으로 제안해보면 어떨까? 그렇게 하면 리더는 진행상황에 대한 궁금증이 해결되고, 실무자는 보고하는 과정에서 리더의 즉각적인 피드백과 코칭을 받고 수정, 보완할 수 있다.

이와 같은 선제적 소통은 1가지 업무나 프로젝트 단위로

3번 정도 하면 좋다. 일을 본격적으로 시작하기 전에, 실행하고 나서 완성도 50% 시점에, 마지막으로 최종 완성 직전에 소통하면 어느 정도 수정 가능한 시간을 확보할 수 있다.

4. 야단, 질책, 분풀이보다는
'원인과 개선책'을 함께 찾고 코칭하라.

목표를 달성하지 못했을 때, 큰소리로 야단치고 질책하는 것이 과연 최선일까? 왜 목표를 달성하지 못했는지 객관적인 근거를 중심으로 분석해보고, 개선사항을 피드백해주고, 다음에는 목표를 달성하도록 방법을 모색하는 것이 더 발전적인 방향일 것이다.

실무자나 구성원이 어떤 잘못된 행동을 했거나 일의 결과가 좋지 않았다고 치자. 이때 리더나 윗사람이 그 드러난 행동과 결과만 가지고 야단치고 호통 친다면 어떨까? 구성원이 깊이 반성하고 다시는 그러지 않겠노라고 마음을 굳게 다잡을까? 결코 그렇지 않다. 야단이나 호통보다는 왜 그러한 행동을 했는지, 혹은 왜 그러한 결과가 나왔는지 이유를 들어보고 과정을 하나하나 되짚어 분석해봐야 한다. 원인을 찾고 개선과제를 코칭하는 것이 훨씬 생산적이다. 구성원도 그냥 혼만 날 때보다 더 진지하게 반성하고 성장할 수 있다.

조직에서 기대했던 성과가 창출되지 않았을 때, 목표를 달성하도록 하려면 목표설정 단계에서부터 먼저 긴밀한 소통을 시작해야 한다. 현장을 중심으로 목표달성에 결정적인 영향을 미치는 전략과 리스크 대응방안을 수립하도록 소통하고 코칭하는 것이 최선의 방책이다. 대부분이 막상 목표수립이나 실행과정에서는 제대로 커뮤니케이션하지 않고 내팽개쳐두었다가 결과가 좋지 않으면 그때서야 "거봐, 내 그럴 줄 알았지." 하는 식으로 질책하고 빈정거리는데, 이런 모습은 아무리 잘 봐주고 싶어도 리더 자신의 분풀이나 화풀이로밖에는 보이지 않는다.

　　야단치고 질책해서 성과가 좋아진다면 더 심하게 화내고 호통 쳐보라. 하지만 만약 그런 호통과 질책이 커뮤니케이션을 빙자한 리더 자신의 분풀이라는 것이 진심으로 느껴진다면 소통방법을 바꿔라. 주관적 감정보다는 객관적 사실에 입각해 소통하고, 구성원이나 실무자들로 하여금 왜 성과가 나지 않았는지 원인을 분석하게 하고, 개선책과 만회대책을 수립하도록 하라. 실무자가 스스로 원인을 찾고 해결책을 제안해봐야 다음에는 더 나은 성과를 창출할 수 있다.

5. 리더가 '8번 듣고 2번 말할 때'
자발적이고 수평적인 소통이 이루어진다.

'소통을 잘하라.'고 하면 일반적으로 리더들은 자신이 알고 있는 것을 전달해준다거나, 자신의 지식과 경험으로 팀원들에게 도움을 주어야 한다고 생각하는 경우가 많다. 그래서 항상 상사에서 구성원으로 향하는 수직적 소통방향만 떠올린다. 하지만 성과목표의 수준, 외부환경, 내부역량이 시시각각 변하는 만큼, 과거의 방법대로 소통한다고 해서 성공하리라는 보장도 없다. 또한 사람마다 특성과 입장이 달라 아무리 상사가 강조해서 전달해도 구성원은 메시지를 다르게 해석할 수 있다.

이러한 수직적인 소통은 능동적이고 자기주도적인 업무처리에 방해가 되는 경우도 많다. 예를 들어 상사가 구성원에게 문제해결 방법을 수직적으로 전달했다고 치자. 구성원 입장에서는 자신이 주도적으로 생각한 것이 아니기 때문에 수용성이나 실행력이 아무래도 떨어질 수밖에 없다. 즉, 경험과 지식이 많은 리더로부터 "이렇게 해보게.","내가 알려준 방식이 더 좋겠군." 하는 일종의 지시를 받는다고 생각한다는 것이다.

일은 억지로라도 시키면 하겠지만, 소통은 절대 그렇게 되지 않는다. 리더가 아무리 강요해도 안 되는 것이, 구성원들의 자발적인 소통참여다. 말을 물가로 끌고 갈 수는 있어도, 억지로 물을 먹일 수는 없다는 말이다. 그러니 상대방이 스스로 소통의 필요성을 인지하고, 소통하고 싶게끔 만들어야 한다.

대부분의 답은 현장을 잘 아는 실행 책임자들이 가지고 있기 때문에, 구성원 스스로 생각하고 해결책을 찾아가는 형태로 일을 진행해야 수용성과 실행력이 높아진다. 그러려면 리더는 어떤 역할을 해야 할까? 먼저 상대방이 편히 말할 수 있는 환경을 조성해주어야 한다. 어쩔 수 없이 우리나라 조직에서 소통의 물꼬를 틀 수 있는 사람은 여전히 리더다. 직급이 낮은 구성원들도 편히 말할 수 있도록 리더가 소통환경을 조성해주어야 한다.

그런 환경 속에서 리더들은 자신의 경험과 지식을 전달하기보다 구성원들이 성과달성을 위해 해결해야 할 문제들에 대해 스스로 질문을 던지고 답을 찾아갈 수 있는 역량을 키워주는 데 집중해야 한다. 그래야만 소통의 목적인 성과목표 달성에 한 걸음 더 가까이 다가갈 수 있다. 수직적인 조직문화를 탈피해 밀레니얼 세대의 생각과 상황을 이해하기 위해 좀 더 노력한다면 막혔던 소통의 문이 조금씩 열릴 것이다.

4

평가의 본질은 동업자의 기여도를 측정하고
자원의 전략적 배분의 효과성을 가치 중심으로 측정하는 것이다.
구성원들은 종업원이 아니라 동업자다.
종업원을 평가하는 '실적과 자질' 중심의 상대평가에서 동업자를 평가하는
'성과와 역할' 중심의 절대평가로 혁신해야 한다.

평가

결과 중심의 '주관식 상대평가'에서
성과 중심의 '객관식 절대평가'로

평가할 대상은 '일한 결과'가 아니라
원하는 결과물, 즉 '목표한 성과'

불과 얼마 전까지만 해도 우리나라 조직의 '평가제도'는 실적이 우수한 부서나 구성원을 상대적으로 구분하여 보상을 차등하는 방향에 치중되어 있었다. 구성원들이 수행한 업무결과나 태도 등을 점수로 평가한 후, 미리 정해놓은 배분비율에 따라 강제로 평가등급을 할당하는 방식이다. 비율대로 S, A, B, C, D등급으로 나눠 상대평가를 하는 것이다.

이러한 등급별 강제배분 방식은 승진인사나 차등보상의 근거자료가 되기 때문에 동료들끼리 서로를 경쟁상대로 인식하게 만드는 문제점이 있다. 또한 서열화, 등급화를 통한 단기적 업적평가에 머물 수밖에 없기 때문에 결과적으로 실적지향 평가, 사람 중심의 평가에 그치는 단점도 있다.

그동안 많은 시행착오를 겪어왔던 평가제도도 변화의 조짐이 일고 있다. 직무역량주의가 도입되고, 성과 중심의 평가제도와 성과연봉제가 확대되었으며, 저성과자에 대한 역량강화 프로그램 등을 도입하기도 했다. 물론 이러한 제도를 도입하는 과정에서 구성원들의 저항과 갈등도 있었지만 평가의 종류·항목·대상·방법·결과활용 등 전반에 걸쳐서 발전적으로 변화하고 있는 것이 사실이다. 불황이 계속되면서 성과가 저조한 기업은 경쟁에서 살아남을 수 없다는 위기의식이 고조되었고, 과거처럼 '평가를 위한 평가'식의 형식적인 평가가 아니라, 실질적으로 성과를 냈는지 그리고 역량이 향상되었는지를 주시하게 된 것이다.

하지만 여전히 제대로 해결되지 않은 문제가 있다. 달라진 평가 트렌드를 제도운영에 반영하고 있다고는 말하지만, 실제로 조직에서 평가하는 것을 보면 진정으로 추구하고자 하는 방향과는 거리가 멀다. 말로는 공정하게 평가한다고 하나, 실제로는 단순한 결과평가·실적평가·순위평가에 지나지 않는다. 본래 '평가한다'는 것은 원하는 품질의 상품을 원하는 비용에 맞춰서 원하는 시간 내에 생산을 완료하기 위한 과정이 적정했는지 판단하고, 개선하기 위한 과정이다. 다시 말해 평가는 '결과가치 자체를 평가하는 것'보다는 달성된 결과물에 대한 '기준 대비 가치'에 초점을 맞춰야 하는데, 많은 기업들이 판단의 기준이 되는 평가대상에 대해 명확하게 규정짓지 못하고 있다.

평가의 대상은 크게 성과(업적), 능력, 역량으로 구분할 수 있다. '성과'는 일정 기간 동안 목표로 했던 업무활동의 결과물을 평가하는 것으로 '성과평가'나 '업적평가'라고 불리기도 한다. '능력'은 주어진 역할을 잘 수행하기 위해 필요한 지식·스킬·태도 등으로 특정 시점의 개인의 업무수행 능력과 태도, 마인드 등이다. '역량'은 성과를 창출하기 위한 '전략적 행동'을 평가하는 것으로 역할행동을 말한다.

일반적으로 평가는 성과, 능력, 역량별 평가항목에 가중치를 부여하는 방법으로 운영되고, 조직마다 특정 목적에 부합하게 조정한다. 직접적인 임금인상을 위해 성과기준을 더 중시하는 조직이 있는가 하면, 미래의 기회보상이나 교육훈련을 위해 역량과 능력을 더 중요한 기준으로 삼고 평가하는 조직도 있다. 임원의 경우 노력요소보다는 결과요소를, 구성원은 역량이나 태도를 더 비중 있게 다루는 것이 일반적인 모습이다.

평가운영에 있어서 성과, 능력, 역량의 비중은 조직의 목적이나 운영방침에 따라 다를 수 있지만, 합리적이고 공정한 평가를 위해서는 평가 목적에 적합한 기준을 선정해야 한다. 평가의 근거는 객관적이고 구체적이어야 한다. 그래야 합리적으로 평가할 수 있으므로 평가는 의도하고 기획한 것을 기준으로 삼아야 한다.

특히, 평가하고자 하는 성과, 역량, 능력의 3가지 대상 중에서 기준에 대한 명확성이 가장 중요한 것은 바로 '성과'다. 지금까지 많은 조직에서 '성과'를 '결과'와 혼동하여 사용해왔는데, 이는 평가제도를 운영하는 데서 발생하는 수많은 부작용과 불만의 원인이 되기도 했다.

평가기준을 수립할 때 무엇보다 우선적으로 해야 할 첫걸음이, '성과'와 '결과'가 엄연히 다름을 인식하고 바르게 개념정리를 하는 것이다. 의도한 목표를 달성한 결과물이 '성과'이고, 목적이나 목표와 상관없이 일이 마무리된 상태가 '결과'다. 성과와 결과의 가장 큰 차이는 '목표'가 있느냐 없느냐다. '목표'와 '전략'의 인과관계로 성과가 만들어지기 때문에, 어떤 일의 성과를 논하기 위해서는 반드시 '목표'라는 전제가 있어야 한다. 목표가 전제되지 않은 성과란 없다. 본래, 성과란 일을 통해 기대하는 결과물, 원하는 결과물이다. 이것은 곧 자신이 일을 해서 '책임져야 할 결과물'을 말한다. 따라서 성과평가는 책임져야 할 결과물을 실제로 이루어냈는지를 평가하는 것이다.

그런데 평가의 기준이 '원하는 결과물을 이루어냈느냐?'가 아니라, '결과물을 만들어내는 데 어떠한 노력을 했느냐?'가 기준이 되면서 일을 목표와 상관없이 맹목적으로 열심히만 하는 사람들이 늘어났다. 열심히 하는 건 좋지만, 그런 맹목적인 '열심히'는 사람만 지치고 성과창출에 별 도움이 안 된다는 게 문제다.

사전에 정한 기준대로 평가하는가?
기준 없이 사후에 주관적으로 평가하는가?

　앞에서 '성과'와 '결과'를 구분하는 전제조건이 '목표'라고 했다. 그렇듯이 평가방식에도 평가자와 평가 대상자가 사전에 협의한 '목표', 즉 '기준'을 평가의 근거로 삼을 수 있다. 사전에 협의한 '기준'으로 평가하느냐에 따라 '성과평가' 방식과 '결과평가' 방식으로 나눌 수 있다. 성과(업적), 역량, 능력 중에서 평가의 대상이 무엇이든 '기준'을 사전에 정해놓고 수행기간이 끝났을 때, 기준과 비교해서 평가하는 것이 성과평가 방식의 특징이다.

　간혹 성과평가 방식을 직무에만 한정하는 것으로 오해

하는 경우가 있다. 직무수행을 통해 얻어진 '결과'를 평가할 때, '성과평가' 또는 '업적평가'라고 불러왔기 때문이다. 성과평가 방식은 대상이 성과(업적)에 국한되지 않고 능력과 역량에도 해당된다. 대상이 무엇이든, 사전에 정해진 '기준'을 잣대로 평가하는 것이 성과평가 방식이고, 그렇지 않은 것이 결과평가 방식이다.

'농축액 음료 매출 10억 원'이든, '구매 가능 고객리스트 분석을 통한 신규 잠재고객 200명 발굴'이든, '고객에게 요청받은 사항을 수행하고 처리결과를 7일 이내에 공유'든, 사전에 합의해서 정해놓은 기준과 비교해서 달성한 결과물을 평가하는 방법이 '성과평가'다. 기대했던 달성 정도와 비교해 얼마나 차이가 나는지를 객관적으로 평가하면 된다.

성과평가 방식은 어떠한 행위를 하기 전에 평가 대상자와 평가자 간에 합의된 기준이 있고, 이를 바탕으로 평가하기 때문에 객관성을 확보할 수 있다. 그리고 기준과 비교해서 부족한 부분을 확인하고 개선할 수 있다는 측면에서 '육성형育成型' 평가라고도 한다.

반대로, 기준과 상관없이 일이나 어떤 행위가 마무리된 상태를 두고 평가자가 주관적으로 평가하는 방법이 '결과평가' 방식이다. 이를 '사정형査定型' 평가라고도 부른다. 여전히 많은 조직에서는 평가 대상자가 얼마나 높은 실적을 달성했든, 어떤 능력이나 행동을 보였든, 비교할 구체적인 기준 없이 결과만을 놓고 평가한다. 어떤 경우에는 평가자의 경험과 직관적인 의견에만 의존하기도 한다.

이러한 결과평가 방식은 평가기간 동안 대상자의 성과, 능력, 역량 등을 관찰하고 판단하는 과정에서 공식적으로 규정된 혹은 합의된 기준이 없다. 때문에 사후 평가지표나 주관적인 가치판단, 과거의 인상적인 기억을 더듬어 판단하는 경우가 많다. 그렇다 보니 평가자의 주관적인 의견이나 감정이 개입할 여지가 많고, 동시에 평가에 오류가 발생할 가능성도 높아진다.

본래 평가란, 회사의 지속적인 이익창출을 위해 각 조직과 개인이 직책별·기능별·기간별로 기여해야 할 역할과 책임의 기준을 사전에 설정하고, 한정된 자원을 전략적으로 배분하여 투입하고 실행한 후, 그 결과에 대해 가치를 판단하고 피드백하는 전략적 행위다. 그런 의미에서 평가 프로세스는 회사의 가장 공식적인 커뮤니케이션 메커니즘이기도 하다. '무엇을 어떻게 평가할 것인가?'를 통해 회사가 구성원에게 어떻게 일해야 하는지 '사인'을 주는 것이다.

회사와 리더가 자신을 얼마나 제대로 평가하고 인정하는가에 따라 구성원들의 동기부여가 사실상 결정된다고 해도 과언이 아니다. 그런 만큼 객관적이고 공정한 평가기준을 마련하는 것은 조직운영에 매우 중차대한 문제다.

누가 봐도 수긍할 수 있는 공정하고 합리적인 평가기준을 만들려면 어떻게 해야 할까? 가장 먼저 해야 할 일은, 일을 시작하기 전에 원하는 성과의 아웃풋 이미지를 떠올리는 것이다. 일의 결과물, 즉 성과의 아웃풋을 최대한 디테일하게 정의해 서로 합의한 후에 '이런 결과를 만들자.'를 평가의 기준으로 삼으면 목표가 명료해지고 서로 오해할 여지가 줄어든다.

그러나 대부분의 조직에서 운영하는 평가지표는 일을 해봐야만 그 측정 가능성을 알 수 있는 지표로 구성된 경우가 허다하다. 이로 인해 구성원들이 업무수행 방향을 제대로 잡지 못한다. 그 업무에 필요한 역량을 제대로 발휘하지 못하는 상황을 맞이하고, 당연히 성과도 없다.

원하든 원치 않든 4차 산업혁명 시대에 앞으로의 평가방식은 객관적인 평가기준을 사전에 합의하고, 개개인의 역량을 육성하기 위한 환경을 마련해주는 '성과평가 방식'으로 점차 바뀌어갈 것이다. 평가는 단순히 평가 대상자들에게 평가결과를 통보해주는 것으로 끝나지 않는다. 결과적으로 나타난 성과, 역량, 능력 등의 측정값도 중요하지만, 그러한 결과가 나오게 된 원인을 분석하고, 어떤 부분을 보완해야 하는지를 찾는 발전의 기회로 삼아야 한다.

'종업원' 보상이 아니라
'동업자' 보상이다

평가결과는 임금, 승진, 교육훈련 등에 반영되는데, 특히 직장인들이 가장 큰 관심을 갖는 것이 바로 '보상'이다. 평가결과에 맞게 엄격하고 공정하게 보상한다면, 이는 구성원에게 최대의 효과를 기대할 수 있는 동기부여책이다.

그런데 우리나라 조직들의 평가와 보상은 구성원에게 의욕과 동기를 심어주기는커녕 불만과 불평의 근원이 되어온 게 사실이다. 보상의 근거자료가 되는 평가대상이나 기준에 문제가 있기도 하지만, 반드시 짚고 넘어가야 할 더 중요한 것이 있다. 바로 보상을 어떠한 입장에서 바라보느냐 하는 인식의 문제다.

지금껏 우리는 보상을 바라보는 관점이 '고용주employer'에게 '종업원employee'으로 고용되어 일한 만큼 보상받는 '공급자 중심'이었다. '종업원從業員'이라는 한자 뜻처럼, '좇다'라는 의미의 '종從'은 이미 수직적 종속관계를 전제하고 있다. 조직의 공동목표를 지속적으로 달성하기 위해서는 조직과 구성원 간의 신뢰와 열정이 필수인데, 이런 시대에 호칭부터 구성원을 종속적인 관계로 설정한 것이다. 시키면 시키는 대로, 정해진 매뉴얼과 규정대로 일을 하고, 보상은 고용주가 주는 대로 받으라고 교육받고 또 그렇게 일해왔다.

수십 년 혹은 수년간 시키는 대로 일해온 종업원은, 주종관계에 기반한 종속적 노예근성이 강하게 몸에 배어 있기 때문에 매사에 수동적이고 소극적으로 행동한다. 또한 대부분은 경제적인 이익추구나 안정적인 생계유지가 직장생활의 목적이기 때문에, 미래지향적이거나 도전적인 일, 이타적인 관점에서 인생과 세상을 바라보는 경우는 드문 편이다. 그래서 늘 가슴속에 '자가발전기'보다는 '충전식 건전지'를 달고 산다.

그러나 이제는 이러한 종속적인 관계가 조직과 구성원 모두에게 바람직하지 못하다. 특히 밀레니얼 세대라고 불리는 40세 미만의 조직 구성원들은 직장을 바라보는 시각이 기성세대와는 다르다. 단순히 '먹고살려고' 일하는 것이 아니다. 경제적인 관점에서만 판단해 조직에 자신의 인생을 걸지도 않는다. 그래서 이 회사가 내 인생을 믿고 맡길 만한지, 내가 배우고 성장하는 데 도움이 되는지, CEO와 리더들은 합리적으로 경영하는지 등을 끊임없이 검증하고, 아니라는 생각이 들면 한시라도 빨리 조직과 인연을 끊는다.

그래서 CEO나 조직의 입장에서도 구성원들을 바라보는 시각을 바꿔야 한다. 과거의 수직적·종속적인 관점에서 수평적·상호평등적 관점으로 말이다. 구성원들은 조직이나 팀에 소속되어 있으나, 각자 수평적인 역할과 책임을 갖고 계약관계를 바탕으로 일한다는 의식이 있다. 자신이 가진 미션과 비전을 조직에 함께 투영하면서 공동체의식을 가지고, 조직의 운명과 자신의 운명을 일체화시키고 싶어 한다. 강한 주인의식을 바탕으로 자기주도적으로, 능동적으로 일하길 원한다.

따라서 조직은 구성원을 고객 관점으로 바라보고 기업가치 창출의 전략적 파트너로 대우해야 한다. 각자가 맡은 바 책임을 다하고 회사의 내부고객으로서 가치를 제공해주는

'구성원associate' 또는 '동반자', '파트너'로 인식해야 함은 물론이고, 예전처럼 상하관계가 아니라 서로를 가장 가까이에 있는 내부고객으로 바라봐야 한다.

구성원들이 조직의 평가를
신뢰하지 못하는 이유

사전에 합의된 평가기준이 불명확하거나 아예 없다.

앞에서 말한 것처럼, 보상과 관련된 핵심이슈는 바로 평가기준이다. 그래서 보상의 문제는 항상 평가와 세트로 거론된다. 평가문제를 제대로 해결하는 것이 보상문제를 공정하게 처리하는 지름길이다. 구성원들이 평가를 신뢰할 수 없게 된 가장 근본적인 원인은, 사전에 합의된 평가기준이 불명확하거나 아예 없기 때문이다.

많은 조직에서 구성원들에게 과제를 부여할 때 그 일의 배경이나 목적, 목표를 상세하게 설명해주지 않는다. 일단 알아서 해보라고 하고 나서 과제수행을 완료한 결과물을 보고 판단하겠다는 것이다. 그러나 일을 하기 전에 평가기준을 미리 정해놓지 않으면 결과물에 대해 평가할 때 일을 시킨 리더들이 주관적으로 판단할 가능성이 높다. 그렇게 되면 일을 실행한 사람 입장에서는 황당하고 억울할 수 있다.

성과평가나 역량평가를 실시할 때도 마찬가지다. 성과평가든 역량평가든 평가를 제대로 하려면 평가항목이나 배경, 기준, 수준에 대해서 평가 대상자가 충분히 납득할 수 있도록 실행하기 전에 설명해주는 것이 상식이다. 그래야 평가기준의 일관성consistency을 잃지 않고 평가 대상자도 평가를 신뢰할 수 있다.

실제로 많은 조직에서 리더들이 평가항목이나 기준을 세세하게 정해놓고 평가하기보다는, 평가 대상자가 지난 1년 동안 실행한 실적 중에서 스스로 잘했다고 생각하는 업적들을 서술해보라고 한 다음 그것을 보고 판단한다. 이것을 흔히 '업적평가'로 불러왔고, 평가자는 업적평가 자료를 취합하여 각각의 대상자에게 몇 점을 줘야 하는지 정하고 난 후, 역으로 계산해 순위나 등급을 정한다. 이러한 관행이 뿌리박혀 있기 때문에 평가 대상자들은 평가결과를 신뢰하지 않을 뿐더러 재심을 요청하지도 않는다. 재심을 신청해도 나아질 것이 없다고 생각하기 때문이다. 이는 형식적이고 불공정한 평가에 둔감해져버렸다는 것을 의미하기도 한다.

경기규칙을 심판만 알고 선수들은 모른 채 뛴다.

아무리 훌륭한 성과를 냈다 하더라도 실무자 입장에서는 평가가 썩 달갑지만은 않다. 평가권이 리더에게만 한정되어 있기 때문이다. 평가하는 사람과 평가를 받는 사람이 각자 주관적인 기준을 가지고 있다면 아무리 공정하게 평가하려고 해도 결과에 대해 서로 갈등하기 쉽다.

평가기준 자체가 애매모호하거나 결과를 객관적으로 측정하기 어려운 경우, 평가자의 주관이 쉽게 개입된다. 반대로 평가에 대한 객관적인 기준이 있다고 하더라도, 평가결과에 대해 평가자의 주관적인 의견이 크게 반영되는 제도 하에서는, 평가권이 있는 사람이 평가를 주도할 수밖에 없다. 리더가 총애하는 일부 구성원을 기준으로 다른 구성원들을 비교하여 서열을 매기거나, 최근에 낸 성과만을 중요하게 생각할 수도 있다. 때로는 평가결과에 대한 구성원들의 저항 혹은 반발이 두려워서, 혹은 평가근거에 대한 확신이 없어서 모두에게 비슷비슷한 점수를 주는 경우도 있다. 근거나 기준과 상관없이 평가자가 의도적으로 점수를 조정하는 것이다.

평가자의 주관적인 오류가 발생하는 데는 또 다른 원인이 있다. 바로 평가제도의 구조적인 문제다. 특히 제도적인 부분이 허술할수록 평가자의 주관이 개입하기 쉬워진다. 평가에 대한 가이드라인이 구체적이지 않을수록 평가자가 자기 나름의 주관적인 기준을 세워 평가한다. 하지만 이러한 평가가 반복되다 보면 평가자는 절대권력을 지닌 '심판자'가 된다. 이는 마치 경기규칙을 심판만 알고 선수들은 모르는 채로 플레이하는 것과 같다. 선수들이 열심히 뛰려야 뛸 수가 없다.

가장 중요한 '역량'은 쏙 빼고
여전히 '자격요건과 능력'만 평가한다.

우리나라 조직에서 시행하고 있는 평가와 보상제도에는 몇 가지 특징이 있다. 첫째, 자격요건과 능력을 갖추면 일을 잘할 거라 믿어 '태도와 능력' 중심으로 평가한다. 둘째, 단기적 재무성과 향상을 중시하기 때문에 '효율과 통제' 위주로 인력을 관리한다. 셋째, 역할과 책임을 바탕으로 팀워크를 통해 새로운 가치를 만들어가기보다는 '상대평가에 연동한 금전적 보상 차별화'로 긴장감을 고조시킨다.

평가의 목적은 무엇인가? 그 목적에 부합하려면 무엇을

평가해야 할까? 다시 말하지만 성과평가는, 정해진 기간 동안 한정된 자원을 성과 나는 일에 제대로 배분해서, 어떤 부가가치를 얼마나 창출했는가를 따져보는 것이다. 개인의 경우도 마찬가지다. 개인의 주요한 자원은 능력과 역량이다. 정해진 기간 내에 능력과 역량이라는 한정된 자원을 가지고 맡은 업무에서 얼마나 성과를 이루어냈는가가 중요한 평가 항목이 되어야 한다.

그러나 지금까지 전통적으로 해왔던 평가는 이런 점을 충족시키지 못했다. 사람에 대한 자격요건과 능력을 고과하는 데 머물러 있었고, 조직의 성과와 관련성이 부족하거나 애매한 업적을 기준으로 평가하고 보상했다. 거기에서 여러 문제가 발생했지만 몰랐거나 모른 척했다.

실무자가 주도적으로 실행방법을 선택할 권한이 없다.

성과를 창출하기 위해 실행전략을 수립하고 창의적으로 아이디어를 내고 실행해야 할 사람은 바로 실무자다. 리더가 아니다. 그럼에도 불구하고 실행방법을 선택할 권한이 실무자에게는 별로 없다. 윗사람 중심의 의사결정구조 때문에 최고경영층이나 팀장 이상의 직책수행자에게 대부분의 의사결정권이 집중되어 있다. 이런 여건에서 의사결정과 문제해결을 신속하게, 주도적으로 하라고 요구하는 것은 무리다. 일일이 허락받고 지시받아야 하는 입장에서 실무자는 의욕과 열정을 발휘할 수가 없다.

더 큰 문제는 본인이 선택한 실행방법이 아니어도, 리더가 지시한 대로 실행했을 뿐인데도, 결과에 대해 책임지고 평가받아야 한다는 사실이다. 내가 주도적으로 한 일이라면 내가 책임지고 평가받는 것이 당연하다. 하지만 아무리 노력해도 통제할 수 없는 상황, 의사결정권이 없는 상황에서 수행한 업무를 주체적으로 책임지고 평가받아야 한다는 것은 상식적으로 납득하기 어렵다.

사후평가 지표라서 미리 예측할 수가 없다.

앞에서도 말했지만 대부분의 조직에서 운영하는 평가지표는 일을 해봐야만 그 측정 가능성을 알 수 있는 경우가 많다. 그런데 이런 평가지표는 업무를 직접 실행하는 실무자에게 적절한 방향성을 제시해주지 않기 때문에 별로 도움이 되지 않는다. 예를 들어, 고객들로부터 만족도를 조사하고 나서야 결과를 알 수 있는 고객 만족도나 그와 비슷한 과제수행 만족도, 노사협력 만족도와 같은 사후평가 지표들은 실무자가 어떤 기준에 맞춰 일을 해야 하는지 실행하기 전에 알 수가 없다. 결과에 대해 측정은 할 수 있겠지만, 일을 시작하기 전에 어떤 전략과 방법으로 어떤 일을 어떻게 해야 할지, 그리고 그 결과는 어떠할지, 자신이 어떠한 평가를 받게 될지 예측하기가 어렵기 때문이다. 그저 경험과 지식을 바탕으로 최선의 노력을 하고, 좋은 평가를 바랄 수밖에 없는 불확실한 상황이기 때문에 이런 평가지표를 공정하다고 느낄 실무자들은 없다.

성과평가를 사업계획과 연계하고
절대평가로 바꾸는 법

1. 성과목표를 기준으로
신뢰성·타당성·납득성을 갖추고 절대평가 하라.

동료와 경쟁하지 말고 자신의 미래목표와 경쟁하게 하라. 최근에는 팀 간의 경계가 모호해지고 프로젝트 단위의 업무가 활성화되면서 인위적으로 평가등급을 구분하기가 어려워졌다. 프로젝트 업무는 개인이 독자적으로 수행한 업무라기보다는 팀 구분 없이 다수의 평가 대상자들이 함께 다양한 기능을 바탕으로 협업프로세스를 거쳐 일하는 방식이다. 업무특성에 따라 비정기적으로 발생하며 한 사람이 동시에 2~3개의 프로젝트에 참여하기도 한다. 그리고 팀장과 팀원의 역할이 단순화됨으로써 실질적으로 계층의 단계가 줄어든다.

이러한 변화는 전문성을 바탕으로 한 업무협력이 활성화되면서 나타나게 된 현상이다. 팀 내의 평가 대상자들을 일렬로 줄 세워서 서열화하는 것이 방법적, 수용적 측면에서 어려워졌다. 치열한 내부 순위경쟁보다는 기준에 의거한 평가가 바람직하다는 인식이 확산되는 추세다.

따라서 앞으로는 비교평가의 대상이 다른 동료가 아니라, 개인이 사전에 설정한 성과목표여야 한다. 그렇게 하려면, 개인이 설정한 성과목표 대비 실제 달성한 결과물과의 비교를 통해 목표를 달성했는지 아닌지 판단할 수 있도록 평가의 기준이 되는 성과목표 자체가 매우 중요하다. 성과목표는 측정가능하고 예측가능하며(신뢰성), 타당성이 있어야 하고(타당성), 서로 납득할 수 있는(납득성) 상태여야 한다.

3가지 조건, 즉 신뢰성, 타당성, 납득성을 조금 더 부연하면 다음과 같다. 첫째, 신뢰성은 사전에 합의한 성과평가 기준대로 평가를 하겠다는 일종의 약속이다. 둘째, 타당성은 개인의 성과목표가 조직의 목표와 인과적 연계성이 있어서 평가기준으로서 변별력이 있다는 뜻이다. 마지막으로 납득성은 평가 대상자가 평가기준을 주체적으로 실행할 수 있다는 것을 의미한다.

성과평가 프로그램을 운영할 때 가장 중요한 것은 무엇일까? 바로 구성원의 성과와 역량을 개선하고 발전시킬 수 있도록 설계하고 운영되어야 한다는 것이다. 물론 그 목적은 사업계획에 연동한 조직의 성과를 달성하기 위함이다. 일하는 기준도, 평가하는 기준도, 결국은 모두 성과목표다. 성과목표를 기준으로 어떠한 평가항목으로 평가할 것인지 사전에 알 수 있다면, 개인은 일을 마친 후에 어떤 부분을 보완할지 판단할 수 있고, 스스로 자신의 성과를 주체적으로 관리해나갈 수 있다.

2. 스스로 자신의 상사가 되어
평가하고 피드백하는 프로세스를 갖춘다.

평가기준을 충족시키는 실행주체는 평가를 받는 사람이기 때문에, 평가의 주체 역시 평가자가 아니라 평가 대상자가 되는 것이 바람직하다. 그러나 현재의 평가 시스템은 평가자에게 모든 권한이 집중되어 있다. 시스템도 문제지만 대상자에게 평가권한을 주어도 스스로를 잘 평가하지 못한다는 것이 더 큰 문제다. 타인의 시선을 지나치게 중시하는 한국인의 특성상 자신을 솔직하게 평가하는 일을 대부분은 매우 어려워한다. 자신이 했던 일들을 다시 돌아보는 것 자체가 부끄럽기도 하거니와, 어차피 자신의 평가는 공식적인 평가가 될 수 없는데 굳이 이런 것까지 해야 하나 싶은 생각을 갖고 있기 때문이다.

주니어 사원 시절에는 어떤 일을 해야 할지 모르니 시키는 대로만 했고, 잘했는지 못했는지에 대한 평가도 그 일을 시킨 리더로부터 받았다. 그런데 몇 년이 지나고 나서 어느 정도 능력과 역량이 쌓였는데도 여전히 자신이 일을 잘하고 있는지, 잘 못한다면 무엇이 문제인지 모른다. 그런 상태가 계속되면 다른 사람이 내리는 평가에 의존하게 되고 지적받는 데만 익숙해진다. 자신을 평가할 수 있는 사람은 리더만이 아니다. 가장 가까이에서 그 누구보다 내가 한 일을 잘 아는 사람은 나 자신이다. 상사로부터 좋은 평가를 받는 것도 중요하지만, 스스로 자신의 성과와 역량의 수준을 정확하게 아는 것 역시 중요하다.

조직 내 역할과 책임을 고려하여 자신의 성과와 역량을 스스로 객관적으로 평가하고 피드백할 수 있어야 한다. 어떠한 일이든 스스로 고민하고 노력한 흔적만큼 성장하고 역량이 향상되는 법이다. 평상시에도 일할 때, '왜 저 일은 원했던 성과를 못 냈을까?', '실행방법에 문제가 있었던 것은 아닐까?', '더 좋은 방법은 없을까?' 등의 문제의식을 가져야 한다. 이러한 질문을 끊임없이 던지며 문제해결에 접근한다면 그 과정에서 창의적으로 문제를 해결하는 역량 또한 길러질 수 있다.

'일을 끝냈다'는 것은 실행행위의 끝을 의미하는 것이 아니다. 결과를 평가하고 개선점을 피드백하는 것까지 완료되어야 비로소 일이 끝난 것이다. 이러한 관점에서 돌아봤을 때, 여태까지 해온 일들을 과연 '제대로 끝냈다.'고 말할 수 있는가? 일을 마칠 때마다 스스로 평가해보면 자신의 능력과 역량에 대한 보완점과 개선점을 사실적으로 파악할 수 있다. 또한 이것은 추후에 리더와 면담을 하거나 코칭을 받을 때도 유용하게 활용할 수 있다.

3. 평가를 마친 후에는 반드시
개선과제를 도출하고 만회대책을 수립한다.

평가의 목적은 같은 실수를 반복하지 않고, 부족한 역량을 보완하는 것이다. 즉, 앞으로 창출해낼 성과에 영향을 미칠 선행요소들을 찾아 개선하는 것이 중점이라는 뜻이다. 그런데 보통은 평가를 '내가 이 일을 만들어낸 것에 만족하는가'를 판단하는 수단으로만 사용한다. 물론 그중에는 반성도 하고 개선과제를 도출하는 사람도 있겠지만, 실상을 살펴보면 투지와 각오 다지기 정도에 그친다.

평가에는 전통적인 인사고과의 기능과 경영 전체를 조정하고 향상시키기 위한 기능이 함께 포함되어 있어야 한다. 그러려면 임원, 팀장, 팀원의 구분 없이 원래 자신이 하기로 했던 평가항목과 실제로 거둔 성과, 발휘된 역량의 수준을 비교해야 한다. 평가기준과 비교해 모니터링하고 개선과제를 찾아야 한다.

개선과제는 일하면서 맞닥뜨린 문제와 그 원인에 대한 해결책이다. 성과창출의 과정 즉, 주요 과제도출, 성과목표 수립, 성과목표의 구체적인 내용인 조감도 작성, 전략에 대한 플랜A와 플랜B 수립 등의 과정에서 능력이나 역량이 부족해 실행으로 옮기기 어려웠던 일이 있었다면 그것이 바로 개선과제가 된다.

그리고 개선과제와는 별도로 만회대책 수립이 필요한데, 만회대책이란 미달성한 성과목표를 어떻게 메울 것인지 기획하고 계획하는 것이다. 시간과 일정이 정해져 있어 만회할 기회가 없는 경우라면 만회대책 수립이 별 의미가 없다. 하지만 반복되는 성과목표나 기간별 목표라면 만회할 기회가 충분히 있다. 다음 달, 다음 분기에 부족한 성과를 언제까지 어떻게 추가로 만회할 것인지 계획을 세우고 실천하면 된다.

1년 동안 바쁜 나날을 보내다 보면 정말 잘한 일이 있었음에도 불구하고 기억나지 않을 때도 있고, 실수했던 일을 의도적으로(?) 잊어버리기도 한다. 무엇보다 평소에 자신이 일하면서 발생한 이슈에 대해 모니터링하고, 일하면서 기록한 것을 토대로 종료 후에 리뷰하는 습관을 들이면 개선과제 도출에 대한 압박이 상대적으로 줄어든다. 1년 치 정보를 한꺼번에 몰아서 정리하는 것보다는 월간이나 주간 단위로 자기평가하고 피드백하는 습관을 들이는 것도 좋다. 그러면 필요할 때마다 부족한 점을 보완할 수 있고, 더 세세하게 개선과제와 만회대책을 도출할 수 있다.

4. 직무성과 평가에 인성, 품성 등 '사람'에 대한 주관적인 감정을 뺀다.

넓은 의미의 인사평가는 사람에 대한 '자질가치 평가'와 '직무성과 평가'를 모두 포괄하는데, 평가의 목적이 무엇이냐에 따라 평가기준이 달라진다. 다시 말해, 사람 자체에 대한 자질평가가 목적인가, 아니면 구성원들이 수행하는 업무성과와 역량에 대한 평가가 목적인가에 따라 평가기준이 달라진다는 의미다.

자질가치 평가는 적재적소 배치를 목적으로, 조직이 구성원에게 요구하는 인재상과 핵심가치 이행 여부를 평가하는 것이다. 더 높은 수준의 성과를 창출해내려면 그와 관련된 역량도 중요하지만 업무수행의 주체인 사람 자체의 자질도 빼놓을 수 없는 요소다. 조직에서는 오로지 일의 양과 질만으로 사람을 평가하지는 않는다. 채용이나 승진, 보임 등의 경우 직무수행자로서 올바른 역량을 갖추고 있는지 인재상과 핵심가치를 평가받아야 할 때도 있다.

우리가 주로 연간이나 분기별로 실시하는 '직무성과 평가'는 연초에 수립한 성과목표와 역량의 달성 정도를 평가하는 것이 목적이다. 대부분 연초에 성과목표와 역량목표를 객관적인 수치로 설정하기 때문에 결과물과 목표를 비교하면 된다. 비교적 쉽게 객관적인 평가를 할 수 있다. 직무성과 평가는 반드시 성과와 역량평가를 기준으로 평가해야 한다는 사실을 명심해야 한다. 이유 없이 미워 보이고 맘에 안 든다고 해서 주관적으로 평가하는 것은 절대 금물이다. 평가 대상자의 인성이나 품성, 즉 사람에 대한 기준이 개입되지 못하도록 각별히 신경 써야 한다.

5. 1년에 한 번은 너무 멀다.
프로젝트나 과제 단위로 상시적으로 평가하라.

경영환경이 불확실해져서 한 치 앞도 안 보이는 상황에서 연초 혹은 연말에 1년 치 업무를 평가할 기준과 목표를 한꺼번에 설정하는 것은 어쩌면 요식행위에 불과할지도 모르겠다. 물론 회사 전체 혹은 사업부가 올해 안에 반드시 달성해야 할 단기 성과목표를 설정한다거나, 중장기 비전을 실현하기 위해 올해 선행적으로 반드시 실행해야 할 전략과제를 도출하는 일은 1년에 한 번 해도 된다. 하지만 실행 단위인 팀이나 팀원 개인 차원에서 매분기, 매월 어떤 과제를 수행하고 어떤 목표를 달성해야 하는지를 연초에 의사결정하기는 여간해서는 쉽지 않다.

예전같이 공급자 중심의 경영환경이나 고도성장을 구가하던 시절에는 열심히 일한 만큼 결과가 나왔기 때문에 연간 단위로 비교적 상세하게 계획을 세우고 실행해도 큰 문제가 없었다. 하지만 작금의 불확실한 경영환경에서는 회사와 사업부 단위, 산업의 특성에 따라서 팀 단위까지는 연간 성과목표를 설정하고, 팀이나 팀원들의 성과목표는 분기나 월간, 프로젝트나 과제task 단위로 상시적으로 접근하는 것이 좋다. 예를 들어, 프로젝트 단위로 일을 시작할 때 평가기준을 설정하고, 일을 종료하고 나서 평가결과를 저장해두고, 반기가 끝나거나 연말에 활용하도록 하는 것이 바람직하다.

물론 평가자 역할을 수행해야 하는 팀장이나 임원들은 그렇게 자주 평가하면 일은 언제 하느냐고 볼멘소리를 하겠지만, 일을 하기 전에 목표를 세우고 일이 끝나면 평가를 하는 것이 특별한 이벤트가 아니라 일상적인 업무행위이고 올바른 프로세스라는 것을 주지시킬 필요가 있다. '체계적인 프로세스'라고 하면 마치 통제처럼 느껴진다고 불평하는 사람도 있는데, 어쩌면 이제까지 제대로 된 프로세스 없이 리더들의 입맛대로만 일을 진행해왔기 때문에 그런 것일 수도 있다. 조직이라면 모름지기 올바른 프로세스에 따라 올바르게 일하는 것이 지속가능한 성과를 창출하는 지름길이다.

6. 미래시점으로 보상에 접근하고, '왜 주는지?' 보상의 이유를 명확하게 밝혀라.

구성원들이 더 신나고 열정적으로 일하게 하려면 어떻게 해야 할까? 앞에서 말했듯이, 평가 자체의 신뢰성·타당성·납득성을 확보하는 것도 중요하지만, 더 중요한 것은 평가와 보상을 더욱 강력하게 연계시키는 것이다. 평가가 타당하고 보상과 강력하게 연결되어 있다면 동기부여가 강화될 수밖에 없다. 또한 이러한 동기부여가 지속되려면 단기적인 성과를 인정하는 금전적인 보상 외에도 구성원들의 미래 성장을 담보하는 역량계발과 승진 등 비금전적인 보상이 총합적으로 이루어져야 한다.

우리는 무의식적으로 연봉을 '보유능력'과 '과거경험'에 대한 보상으로 생각해왔다. 그러나 이제는 이러한 '호봉제' 성격의 연봉책정이 개인과 조직의 성장에 별다른 촉진제가 되지 못한다. 능력과 경험에 따른 연봉은 철저히 과거 공헌도에 대한 보상이기 때문이다.

앞으로는 일괄적으로 인상하는 현재의 임금 지급방식보다는 평가영역을 구분해 연동시켜야 한다. 미래시점에서 보상에 접근하자는 것이다. 기본연봉은 구성원들의 역량발휘 정도를 평가하여 개인의 미래가치에 따라 책정하고, 성과연봉은 개인의 성과목표 달성여부에 따라 결정하는 것이 가장 합리적이다. 그 외에 부서 차원에서 거둔 성과는 인센티브에 연계시킨다.

여기서 중요한 것은 보상할 때 '왜 주는지?'에 대한 이유를 분명하게 설명하고 인지시켜야 한다는 점이다. 임금을 인상할 때는 대상자의 역량과 능력이 얼마나 향상되었는지, 성과연봉을 지급할 때는 회사와 약속한 성과목표를 달성해냈다는 의미를 분명하게 설명해야 한다. 인센티브를 지급할 때 역시 회사의 수익과 이익창출에 얼마나 공헌했는지, 보상의 이유를 공유하고 정확히 인지시켜야 한다. 특히 상대적 형평성을 이유로 회사의 이익에 혁혁하게 공헌한 구성원에게 월급쟁이식 보상을 해서는 안 된다. 그렇게 되면 아무도 사업가처럼 일하지 않을 것이다. 단적으로 말해 연봉 5,000만 원을 받는 구성원이 회사에 10억 원의 이익을 가져다주었다면, 최소한 3억은 보상해줄 수 있는 배짱과 아량이 있어야 할 것이다. 그래야만 구성원들은 일할 맛이 날 것이고, 그것이 진정한 동업자 정신에 입각한 보상이다.

5

교육은 성과창출에 전략적으로 기여해야 한다.

교육의 대상은 역할수행을 위한 능력과 책임을 완수하기 위한 역량이다.

교육의 핵심은 역량훈련이며 역량훈련의 핵심은 매니지먼트 역량이다.

교육

'지식전달' 위주의 교육에서
'역량훈련' 중심의 액션러닝으로

지금 우리 회사에서 하고 있는 교육이
성과창출에 도움이 되는가?

　　천연자원이 부족해 인적자원에 기대를 걸어야 했던 우리
나라는 예로부터 교육열이 높았다. 열심히 공부하는 것이 나
라와 자신을 위한 미덕이었다. 이것은 개인의 인생뿐만 아니
라 기업경영에도 영향을 미쳤다. 조직의 경쟁력은 다양한 정
보를 활용하여 창출된 가치로 결정되고, 새로운 가치를 창출
해내는 우수한 인재를 얼마나 확보하고 양성하느냐에 따라
조직의 성패가 결정되었다. 때문에 조직에서는 사내교육, 온
라인교육, 집합교육, OJT교육, 직무교육, 리더십교육 등 다
양한 형태의 교육이 활발히 이루어졌고, 교육결과를 인사평

가에 연동시키기도 했다.

불타는 학구열은 사회적인 분위기이기도 했는데, 고도성장기에는 지식과 기술을 가진 능력 있는 사람들이 좋은 회사에 들어가고 좋은 대우를 받았다. 덕분에 1990년대부터 2010년대 전후까지 자기계발서가 붐이었고, 더 많은 사람들이 끊임없는 자기계발의 소용돌이 속으로 자의 반 타의 반 휩쓸려 들어갔다. 이미 입사할 때 능력이 증명된 직장인들도 혹시 조직에서 도태되지 않을까 하는 불안감에 더욱 외국어 점수, 자격증 취득에 몰두하기도 했다. 학습의 매체나 분야는 달라졌지만, 배우고자 하는 의지들은 여전하다.

하지만 이처럼 개인적으로는 자기계발에 열성적인 사람도 반대로 회사가 시키는 교육은 그다지 적극적으로 참여하지 않는다. 아무 준비 없이 몸만 참석한다든가, 아니면 불참하려고 온갖 핑계를 대는 것이다. 그러다 보니 교육을 기획하는 부서에서도, 참여하는 구성원들도, '사내교육이 과연 실무에 얼마나 긍정적인 영향을 주는가?'에 의구심을 가지게 되었다. 왜 이렇게 이율배반적인 상황이 되었을까?

가장 큰 이유는, 회사에서 실시하는 교육이 현업에 별로 쓸모가 없기 때문이다. 실무역량을 향상시켜준다거나 성과 창출에 도움이 되지 않아서, 혹은 교육내용이 너무 옛날 애기거나 내 업무와 동떨어져 있어서다. 한마디로 구성원들의 장기적인 성장, 발전에 교육이 그다지 긍정적인 영향을 주지 않았다는 말이다. 시장은 이미 고객 중심으로 변화했고, 업무환경은 시스템화·디지털화되었으며, 구성원들의 개성과 요구 역시 다양해졌다. 그런데도 교육과 학습이 그러한 변화 속도를 따라가지 못하는 것 같다.

그렇다면 조직에서 교육을 실시하는 본래의 목적은 무엇일까? 크게 2가지다. 직장인다운 생활을 영위하기 위해서 기본적으로 습득해야 할 기본소양을 쌓는 것이 첫 번째다. 그리고 두 번째는 조직의 성과목표 달성, 조직과 개인의 성장을 위해 반드시 가져야 할 능력을 배양하는 것이다. 이것은 역량 측면에서 개선할 사항을 학습하는 것을 포함한다. 그래서 교육은 환경변화에 적극적으로 대응하고, 현장의 성과를 개선할 수 있는 일종의 경영전략이 되기도 한다. 즉, 조직의 성장과 개인의 성장을 연결해주는 징검다리 역할인 셈이다.

당장은 책상 위에 산처럼 쌓인 업무에 치여서 교육에 참석하는 시간 자체가 아깝고 아무 도움이 안 된다고 생각할 수도 있다. 하지만 교육의 본래 목적을 이해하고, 그에 맞는 교육과정을 운영한다면, 꾸준히 자신의 역량을 갈고닦은 시간들이 쌓여 개인과 조직의 경쟁력으로 거듭난다.

지금까지의 교육방식으로는
성과를 내기 어려운 이유

여전히 지식전달 위주의
일방적인 강의식 교육에 머물러 있다.

지금까지 조직에서 해온 교육은 지식을 전달하거나 정신무장(?)을 강조하는 수준의 일방적인 정보전달 혹은 계도 중심의 교육이었다. 학교에서 수업을 받듯 사내교육이 있는 날은 강의실에 앉아서 사내강사나 외부강사의 강의를 듣는다. 그 자리에서는 뭔가 배웠다고 생각하지만 실제 업무에 어떻게 적용할지는 잘 모르겠다. 때로는 교육이 인사평가의 한 항목이어서 아무리 바빠도 없는 시간을 쪼개어 과정에는 참석하지만 그 자리에서 몰래몰래 업무처리를 하기도 한다.

교육이 조직과 구성원 모두에게 가치창출을 위한 기회가 되려면, 일방적인 지식전달이 아닌 역량훈련 중심이어야 한다. 그런데 우리는 능력을 갖추면 자연스럽게 역량을 갖추게 되고, 역량을 갖추면 전략을 세울 수 있고, 전략을 세울 수 있으면 당연히 성과가 창출될 것이라고 막연히 생각한다. 그러다 보니 구성원들은 실제 현업에는 별 도움이 되지 않는 자격증을 취득한다거나 교육을 통해 직무지식을 쌓는 데 관심을 가지게 된다. 성과를 내는 '역량'과는 거리가 먼 '능력' 쌓기에 몰두하는 것이다. 뿐만 아니라 업무를 통해서 역량을 발전시킬 수 있는 교육의 기회가 극히 드물기 때문에, 더더욱 의무적으로 이수해야 하는 교육에 소홀한 것이다.

**지식이나 스킬(능력)은 훈련하지만,
'역량'은 제대로 훈련하지 않는다.**

그렇다면 '능력'은 무엇이고, '역량'은 무엇일까? 둘은 어떻게 다를까? 업무를 수행하기 위해 필요한 기본 자격증을 아무리 많이 가지고 있다고 해도 실제로 성과목표를 제대로 달성하지 못하고 이에 필요한 바람직한 행동도 발휘하지 못하는 경우가 있다. 이럴 때 우리는 흔히 '능력'은 있으나 '역량'이 부족한 인재라고 부른다. 여기서 말하는 능력은 '지知'이고, 역량은 '행行'에 가깝다.

능력, 즉 '케이퍼빌리티capability'이란 주어진 일, 요구되는 역할, 업무수행을 위해 갖추어야 할 지식·스킬·경험·태도 등을 의미한다. '용량'이라는 뜻을 가진 '케퍼시티capacity'와 '할 수 있는 힘'이라는 뜻을 가진 '어빌리티ability'의 합성어로, '할 수 있는 힘의 용량'이라는 뜻이다. 따라서 능력을 말할 때는 '보유능력', 노하우know how라고 표현한다. 일을 하기 전에 갖추고 있어야 할 학력, 자격증, 전공 등에 해당하는 자격요건과 더불어 전문적인 지식과 스킬이 겸비된 상태다. 우리는 대부분 이 능력 위주의 교육을 받는 데 익숙하다. 인터넷이 진화하고 SNS가 발달하면서 능력은 이제 그 가치를 상대적으로 많이 잃어버렸고, 노하우도 노웨어know where로 대체되면서 지식 자체를 보유하는 것보다 지식을 활용하는 능력이 중요해졌다.

이에 비해, 역량, 즉 '컴피턴시competency'란 원하는 결과물을 반복적이고 지속적으로 창출할 수 있는 실행력이며 일을 제대로 할 수 있는 행동력, 즉 두하우do how다. 이는 업무내용에 관한 측면과 프로세스 측면으로 구분된다.

업무내용 측면의 역량은 주어진 역할을 수행하고 업무를

진행하는 데 필요한 지식, 스킬 등의 능력을 발휘하여 성과에 도움이 되는 전략적 행동을 할 수 있는가에 해당한다. '전략적 행동력'이라고 보면 된다. 이는 업무수행 능력을 바탕으로 성과창출을 위한 전략적 행동실행이 핵심이다.

프로세스 측면의 역량은 성과를 창출하기 위해 자기완결적으로 목표와 전략을 기획하고, 방법과 절차를 계획하며, 계획된 전략과 방법대로 실행해, 목표 대비 성과를 평가하고 피드백하는 실행력을 발휘할 수 있는가가 핵심이다. 즉 고객과 현장의 상황을 잘 파악하여 목표를 세울 수 있고, 이를 실행으로 옮기고 평가, 피드백하는 과정까지 전체적인 '매니지먼트 프로세스 실행력'을 의미한다.

지금까지는 주로 직무전문성에 기반한 직무교육과 조직지향성에 기반한 마인드, 태도 중심의 교육에 집중해왔다. 그러다 보니 상대적으로 자신의 일을 스스로 매니지먼트하는 역량이 부족하고, 리더 또한 직책을 부여받으면서 지식위주로 교육받다 보니 조직을 경영하고 구성원들에게 올바르게 성과코칭하는 훈련을 받지 못한다. 결국 자기 일은 잘해도 팀이나 본부를 운영하는 데는 실패한다. 구성원들에게 동기부여를 못하고 권한위임도 못하기 때문이다. 사실 조직에서는 이러한 현상이 비일비재하다.

이러한 매니지먼트 역량은 외부에서 단기적으로 교육을 받는다고 곧바로 향상되는 것이 아니다. 각자에게 부여된 역할과 책임에 따라 목표가 달라지고 그 목표에 따라 발휘해야 할 역량의 수준과 범위도 모두 달라지기 때문에 각자에게 맞는 훈련방법이 필요한 것이다. 역량은 실천적이고 의지적인 작용이 더해져 단련鍛鍊해야 하는 훈련訓練과정이 필요한데, 우리는 역량을 키우기 위한 실천적 계획을 별도로 수립하지도, 반복적으로 훈련하지도 않는다.

실용성 없는 관념적 교육,
실무에서 써먹을 게 없는 집체교육의 한계

일반적으로 교육 담당자가 사내교육을 기획할 때 여러 가지를 고려하겠지만, 웬만해서는 기존에 해오던 방식이나 틀에서 크게 벗어나지 못한다. 독서토론, 명사초청 특강, 외국어 강의 등 어느 조직에서나 통용되는 보편적인 주제로 교육을 구성하는 것이다. 실용성이 떨어지는 관념적인 교육에 매달리는 일도 빈번하다. 그렇지 않으면 직무와 관련된 외부 교육을 수강하도록 지원하거나, 일반교양 수업을 온라인으로 수강하게 한다. 형식적으로 동종업종을 벤치마킹하기도 하는데, 주로 지식습득에 관한 것들이다.

경제적으로 압축성장을 하던 1970~1980년대에는 쓰기, 계산, 읽기와 같은 단순 지식이나 기술과 같은 '능력'을 중요하게 여겼다. 하지만 지금은 전략수립, 문제해결, 팀워크와 같은 협력적이고 성과지향적인 '역량'이 강조되고 있다. 지식이나 능력을 많이 보유했느냐보다는, 언제 어디에서나 성과를 내기 위해 수많은 정보를 조합하고 활용해 부가가치를 만들어낼 수 있느냐가 중요하다. 그래서 지식이나 능력이 아닌 '역량'이 중요해진 것이다.

이는 지식 중심의 이론교육이 지고, 현장의 실무에서 성과를 창출할 수 있도록 필요한 능력과 역량을 발휘하게 만드는 교육이 중요해졌다는 의미다. 훈련해야 할 내용도 달라진다. 교육방법 역시 일방적인 강의식이 아니라 모의과제를 활용한 프레젠테이션, 액션러닝, 집단토론, 역할연기 등 실무에 적용할 수 있는 실습방식으로 바뀐다. 그렇게 되면 강사도 일방적인 전달자가 아니라 학습자 스스로 학습할 수 있도록 조력하는 퍼실리테이터facilitator 역할을 해야 한다. 형식이 바뀌면 규모도 바뀔 것이다. 전 직원이 모여 집합교육이 받는 게 아니라 비교적 소규모로 실습이나 워크숍을 진행하는 식이다. 이처럼 교육전반에 변화가 일어나야만 한다.

역량훈련 중심의 액션러닝 방식으로
교육을 혁신하는 법

1. 사내교육의 패러다임을
'지식교육'에서 '성과코칭'으로 바꿔라.

IT기술과 인터넷 검색기능이 비약적으로 발전함에 따라 이제는 검색만 하면 누구나 쉽게 지식과 정보에 접근할 수 있다. 1990년대까지만 해도 지식과 스킬을 습득하고 전수받는 것이 교육의 핵심과제라 해도 과언이 아니었다. 그래서 지식과 경험을 갖춘 외부전문가와 사내전문가를 활용해 지식, 스킬이 부족한 구성원들에게 습득하게 했고, 선배가 후배에게 스킬과 경험을 전수하게 하는 프로그램이 매우 중요했다. 그래서 집합교육과 OJTOn the Job Training로 나누어 교육을 진행했다. 집합교육은 주로 공통 지식과 마인드 함양에 대한 내용으로 구성되고, OJT는 조직 내에서 선배가 후배들에게 지식, 스킬, 경험을 전수하는 형태였다. 때문에 업무적으로는 OJT가 굉장히 중요한 부분을 차지했다.

하지만 2000년대 이후 분위기가 달라졌다. 앞에서 말했듯이 인터넷과 IT기술이 비약적으로 발전함에 따라 일반적인 지식과 스킬이 넘쳐났고, 산업과 직무의 전반적인 동향과 흐름에 대한 정보에도 누구나 쉽게 접근하게 되었다. 널린 정보는 지적 갈증을 채워주기에 충분했고, 인터넷 기반의 각종 교육동영상과 온라인 교육서비스들은 집합교육의 필요성을 무색하게 만들었다. 이른바 교육의 개별화, 특성화, 실시간화가 엄청나게 빠른 속도로 확산된 것이다.

이제 지식전달 중심의 집합교육이나 선배 중심의 OJT는 진부해졌다. 집단적 교육이 아니라 개별적, 차별적 교육을 원한다. 교육에 대한 패러다임이 OJTOn the Job Training에서 OJCOn the Job Coaching로 전환된 것이다. 공급자 중심의 지식전달에서 수요자 중심의 맞춤형 역량향상 훈련으로 말이다.

그러므로 이제는 명칭부터 '교육'이 아니라 '코칭'으로 바뀌야 한다. 그것도 그냥 코칭이 아니라 '성과코칭'이다. 조직에서 개인에게 제공하는 모든 교육은 성과를 창출하는 데 초점을 맞춰야 한다. 단기성과든 중장기성과든 말이다. 또한 이제 교육의 주체는 조직이나 주관 부서가 아니라 구성원 개인이 되어야 한다. 구성원 개인들이 자신에게 부여된 역할과 책임을 다하기 위해 필요한 능력과 역량을 진단할 수 있도록 다양한 진단도구를 제공해주고, 부족한 능력과 역량들을 채워 넣을 수 있도록 카페테리아식 교육이 진행되어야 한다. 카페의 메뉴는 조직 내에서만 찾을 것이 아니라 외부와 연계해야 한다. 마찬가지로 오프라인에서만 찾을 것이 아니라 온라인과 접속하고, 대한민국에서만 찾을 것이 아니라 글로벌로 확대되어야 한다.

2. 직무지식이나 스킬이 아니라
성과창출을 위한 전략적 행동지표 중심으로 훈련하라.

지금까지의 교육은, 직무분석과 산업환경분석을 바탕으로 해당 업무를 수행하기 위해 필요한 지식과 스킬을 도출하고 카테고리화해 교육과정을 설계하고 체계화해 구성원들에게 제공했다. 물론 이러한 지식과 스킬 중심의 교육이 지금까지는 유용했지만, 이제는 이러한 내용들이 시스템적으로 제공되기 때문에 개인이 필요할 때마다 활용하면 된다.

앞으로는 직무지식이나 스킬이 아니라 성과창출을 위한 역량으로 기준을 삼아야 한다.

성과를 창출하기 위해서는 역량을 발휘해야 하고, 역량을 잘 발휘하기 위해서는 업무수행능력을 바탕으로 성과창출을 위한 전략적 행동 실행력을 강화해야 한다. 여기에서의 핵심은 목표를 달성하기 위한 전략과 방법을 제대로 실행해야 역량도 의미 있다는 점이다. 그래서 필요한 것이 역량을 실제 행동으로 발휘했는지 여부를 파악할 수 있는 '전략적 행동지표'다. '전략적 행동지표'란 바람직한 기대행동을 구체적으로 측정 가능한 지표의 형태로 나타낸 것으로, 전략적으로 실행에 옮기는 행동이 과연 의도한 대로 집중적으로 이루어지고 있는가를 판단하는 기준이 된다.

전략적 행동지표를 설정하는 근거는 일을 통해 원하는 결과물, 즉 성과목표에 달려 있다. 원하는 결과물을 구체화하고 이를 달성하기 위해서, 반드시 발휘해야 할 행동지표를 도출하면 되는데, 여기에는 구비조건이 있다. 주요 행위 기준을 관찰하고 실행여부를 판단할 수 있는 객관적인 지표, 리더와 구성원이 서로 합의할 수 있는 지표가 마련되어야 한다.

예를 들어보자. 만약 이번 주 목표가 '신규계약 수주 2건'

이라고 가정하자. 행동지표를 도출하면 다음과 같다. '타깃 고객 5명을 공략할 마케팅 전략을 수립하고 플랜B도 준비하여 예상 가능한 문제에 대한 해결책을 준비하고 미팅한다.' 이처럼 구체적으로 어떻게 실행할 것인지를 객관적으로 담아야 제대로 된 행동지표다.

이렇게 전략적 행동지표가 팀별로 도출이 되면 그룹화하여 구조화된 훈련 프로그램을 설계한다. 이러한 훈련 프로그램을 통해 현업에서 실제로 하고 있는 업무행동들을 교정하고 혁신할 수 있다.

3. 문제해결형 액션러닝으로
자기완결적 매니지먼트 역량을 훈련하라.

역량은 어쩌다가 한 번 교육을 받고 학습한다고 해서 한순간에 향상되는 것이 아니다. 평소 일하는 과정에서 장기간에 걸쳐 축적되는 것이고 실제로 행동으로 실천해야 체질화되는 것이다. 따라서 액션러닝 프로그램인 동시에 문제해결형 프로그램이 되어야 한다. 목표설정 훈련, 목표달성을 위해 다양한 전략을 수립하는 훈련, 지속적인 성과창출을 위한 실행력 훈련, 효과적인 소통훈련, 평가와 피드백 훈련 등 철저히 성과창출에 목적을 두고 프로세스 중심으로 트레이닝

해야 한다.

이제는 지식이나 스킬 같은 능력보다는 전략을 행동으로 옮길 수 있는 실행역량이 중요하고, 일을 통한 육성이 일상화될 것이다. 즉, 성과창출을 위한 독립적·전략적 행동력을 기르고, 스스로 사고하여 자기완결적으로 일을 끝내는 훈련을 지속적으로 하게 될 것이라는 의미다.

이를 위해 누군가가 교육 프로그램을 짜주는 게 아니라 능동적으로 각자가 교육을 설계하고 실천해야 한다. 자신의 일에 직접적으로 도움이 되는 구체적인 훈련의 방법·시간·기법·활용 매체 등을 고려하여 최종적으로 자신의 훈련방법을 스스로 설계하는 것이다. 이렇게 관점을 전환하면 구성원 스스로 현업에서 꼭 필요한 교육의 내용이 무엇인지 규명하고, 이를 기반으로 교육방법과 전달방식들을 선택하게 되고, 교육의 효과와 만족도 역시 극대화될 것이다.

1) 능력과 역량을 진단하여 교육·훈련할 내용을 결정한다.

자신의 역량을 관찰하고 훈련할 내용을 측정 가능한 형태로 전환하는 과정은 상당히 중요하다. 현재 보유한 능력과 역량 상태as is를 객관적인 근거로 판단할 수 있도록 지표화한 후, 앞으로 얼마나 성장해야 하는지 기대하는 수준to be을 숫자로 진단할 수 있어야 훈련내용이 정해진다. 이 내용은 역량훈련을 어느 정도까지 할지 목표가 되어주고 실제 역량이 향상되었는지 판단할 수 있는 기준이 된다.

능력진단은 필요한 능력을 현재 어느 정도 갖추고 있는지를 파악하는 것이다. 능력은 역할수행과 관련된 것이므로 업무분장된 과제나 해야 할 일을 정리한 다음 각각의 일을 수행하기 위해 필요한 지식, 스킬, 태도, 경험을 상세하게 나열한다. 그리고 필요한 능력의 수준은 어느 정도인가를 기록한다. 능력은 측정하기도 쉽고 자격증, 어학점수 등 눈으로 확인할 수 있는 다양한 수단이 있어서 진단과정이 상대적으로 쉬운 편이다.

문제는 '역량'이다. 역량은 우연히 발생한 일회적인 것이 아니라 반복적인 성과로 연결시키는 전략적인 행동이다. 역량은 경험으로 축적된 것과 가지고 있던 능력이 융합되어 나타나는 것이기 때문에 더더욱 측정하기가 까다롭다. 개인이 역량을 정확하게 진단하려면 먼저 성과창출 프로세스를 단계별로 나누고, 각 단계별로 해야 할 행동기준을 구체적으로 적는다. 예를 들어, 과제 도출, 핵심 성과지표 도출, 성과목표 설정 등에서 원하는 수준과 실제 행위 사이의 차이를 적어보면 정확하게 현재 수준과 원하는 목표 수준을 측정할 수 있다.

2) 일과 연계하여 주기적인 훈련계획을 세운다.

자신의 현재 역량수준이 기대한 수준보다 낮다면, 이를 어떻게 훈련하고 실천할 것인지 계획해야 한다. 직무수행에 필요한 지식·기술·태도 등의 능력을 고려하면서 동시에 올바른 습관을 체화할 수 있도록 주기적·반복적인 훈련계획을 세운다. 일시적인 이벤트 성격의 집합교육보다는 실제 업무를 추진하는 과정에서 훈련이 이뤄질 수 있도록 일과 훈련을 상시적으로 연계시키는 것이 핵심이다.

역량은 일하는 도중에 나타나는 행동특성이기 때문에 기존 교육방식처럼 대규모 집단훈련으로 얻어지지 않는다. 일과 훈련을 상시적으로 연계시킨다는 것은, 자신이 맡은 성과목표를 달성하기 위해 일을 하면서 중간에 나타나는 문제점들을 체계적으로 해결하고, 스스로의 역량을 강화시킨다는 의미가 담겨 있다.

훈련계획을 수립할 때는 객관적인 지표를 주기적인 일정과 함께 기재하는 것이 효과적이다. 연간 단위보다는 가능하면 주간, 월간 단위로 훈련계획을 세워서 꾸준히 진행해야 한다. 이는 사전에 제시된 기준 중심으로 능력과 역량을 모니터링할 수 있게 유도하는 것이다. 정해진 훈련목표까지 제대로 가고 있는지, 그리고 현재 자신이 어느 수준까지 올라왔는지 기간별 현재 상태를 알기 위해서다.

역량훈련은 기존의 지식전달 교육과는 차원이 다른 인재 육성법이다. 교육 담당자의 역할이 무엇보다 중요해졌는데, 그런 만큼 기존에 해왔던 방식에서 탈피해 역량훈련에 대해 더 깊이 고민하고 학습해야 한다.

훈련계획은 학습·이해·연습 같은 추상적인 표현보다는 객관적으로 판단할 수 있는, 명확하고 구체적인 표현을 사용해야 한다. 예를 들면, '매주 1회 시장이슈 1장으로 요약하기', '일일 성과목표와 전략을 수립하고 리뷰하기'처럼 말이다. 반복적인 성과로 연결시킬 수 있는 전략적인 행동이 무엇인지 생각해보기 바란다.

3) 훈련과정을 검증하고 평가한다.

훈련과정이 현업에 제대로 적용되고 있다는 인과관계가 증명되어야 그 훈련은 의미가 있다. 훈련이 과연 의도한 대로 목표를 달성했는지, 훈련 과정에는 문제가 없었는지 리뷰해보고 성과에 긍정적인 영향을 주었는지도 검증해야 한다. 그래야만 지속적으로 능력과 역량이 향상되는 단계를 밟을 수 있다.

이 단계에서 무엇보다 중요한 핵심은, 객관적인 근거와

사실을 바탕으로 판단해야 한다는 점이다. 여기서 객관적인 근거와 사실이란 훈련하고자 했던 목적, 즉 훈련을 통해 달성하고자 했던 목표이고, 하기로 했던 계획을 제대로 실행했는지 등을 말한다. 근거자료 없이 결과만을 놓고 평가하면 '열심히 했다', '잘했다'는 식의 주관적 해석만 나온다. 사전에 합의한 기준과 비교해서 평가해야 자신이 전략적으로 행동을 했는지, 또 앞으로 발전적인 행동을 하기 위해서는 어떠한 노력을 해야 하는지를 파악할 수 있다.

구성원은 일을 하면서 자신의 역량을 모니터링한 결과를 리더에게 리포트하고 피드백과 코칭을 받는다. 일정 기간 동안 달성하고자 하는 자기계발 목표의 실행계획을 구체적으로 세운 후에 그것을 바탕으로 리더와 함께 정기적으로 성과목표와 액션플랜에 대한 코칭을 받는 것이다. 성과창출 프로세스 중 달성하지 못한 단계가 있다면 어떤 역량이 부족했는지, 리더가 요구하는 역량은 무엇인지를 중심으로 코칭하는 것이 바람직하다. 지식이나 스킬 같은 '능력'이 부족하면 일자체를 진행하기 어려우므로 최대한 단기간에 보완하도록 하고, 역량은 실행계획을 세워 한 단계씩 보완하도록 한다. 역량 훈련은 단시간 내에 완료하기가 어렵기 때문이다.

4) 개인별 중장기 비전에 따른 교육훈련이 필요하다

우리는 조직의 연간 성과목표를 달성하기 위해 일을 하지만, 조직의 목표와 내가 하는 일이 어떤 연관이 있는지 잘 모르는 경우가 많다. 현업의 실무자들은 상위 조직에서 캐스케이딩cascading되어 내려오는 목표를 달성하느라 바쁘고, 그러다 보니 조직의 비전이나 자신의 미래에 대한 중장기적인 계획을 잊어버리기 쉽다. 리더가 되어야 자신의 일과 연간 성과목표의 연관성, 연간 성과목표와 조직의 중장기 비전의 연관성을 알 수 있다. 실무자들은 회사의 중장기 비전을 직접적으로 체감할 수 없는데, 이는 리더에 비해 동기부여가 덜 되는 이유이기도 하다.

중장기 비전을 가지고 일한다는 것은 실무자의 동기부여 차원에서 굉장히 중요한 일이다. 중장기 비전을 갖게 하려면 평소 조직의 성과목표와 중장기 목표를 구성원들에게 명확하게 전달하고, 사업계획에 대해서도 누구나 알 수 있을 만큼 충분히 소통해야 한다.

그런 활동이 선행된 후에 개개인이 중장기 비전을 갖고 역량훈련을 해야 하는데, 그렇게 하려면 고객, 현장, 프로세스를 아는 것이 가장 중요하다. 하지만 고객이나 현장, 경쟁사, 시장, 사회적 트렌드, 일하는 프로세스에 대한 부분들은 구체적으로 잘 보이지 않기 때문에 조직 속의 개인이 파악하기에 어려움이 많다.

4. 사업계획과 교육을 전략적으로 연계시킨다.

회사의 인재상과 핵심가치를 체질화하고 중장기 전략을 실행하는 데 필요한 교육훈련 프로그램은 굳이 연간 사업계획과 연계하지 않더라도 기획이나 연구개발 부서 그리고 각 사업본부의 중장기 계획과 연동하여 프로그램을 설계하면 된다. 그러나 단기적으로 혹은 연간 단위로 제공되어야 할 교육훈련 서비스는 철저하게 현업의 팀과 팀원 중심으로, 그리고 연간 사업계획을 근간으로 삼고 설계되어야 한다. 교육 프로그램 기획의 순서를 간단히 소개하자면 다음과 같다.

매년 사업계획 수립이 완료되고 나면 팀별로, 개인별로 다음 해에 실행해야 할 주요한 역할과 책임을 중심으로 필요한 능력과 역량을 정의한다. 그것을 바탕으로 담당 실무자는 부족한 부분들을 진단해 개인별로 도출하고 팀별로 취합하여 교육훈련 주관 부서로 보낸다. 그러면 교육훈련 주관 부서에서는 공통분모가 있는 것끼리 모으고 나누어서 가장 적절하게 제공할 방법들을 설계한다. 그 후 교육의 필요성을 제기한 구성원들에게 연초에 제안 브리핑을 하고, 교육에 필요한 내용과 전달방법에 대한 대략적인 합의를 한다. 이 모든 과정을 거친 후에 구체적인 실행 프로그램을 수립한다.

이런 순서로 교육 프로그램을 설계하면 진정한 현업 중심의 교육 그리고 사업 성과창출에 직접적·전략적으로 기여하는 교육훈련으로 거듭날 수 있다. 더 이상 교육을 위한 교육, 교육 주관 부서 중심의 교육을 해서는 안 된다. 아무 효과도 없고, 아무도 받고 싶어 하지 않을 것이다.

중장기적 관점의 교육 프로그램은 사업계획을 수립할 때 기획 부서나 사업본부와 의논하면 되겠지만, 팀이나 팀원들에게 실질적으로 필요한 교육이 무엇인지 조사·분석하려면 현업 부서의 사업계획이 모두 끝난 후에 교육훈련 부서의 교육계획이 수립되도록 프로세스와 절차를 조정해야 할 것이다. 그래야만 현업지향적인 교육이 이루어질 수 있다.

5. 교육훈련 주관 부서는 리더들의 매니지먼트 역량을
향상시키는 데 집중한다.

자질이나 태도처럼 '능력'에 해당하는 것은 성과에 직접적인 영향을 주는 행동적인 특성을 자세하게 설명하지 못한다. 역량, 즉 '성과창출을 위한 구체적인 행동특성'을 계발하기 위해서는 어떠한 역량을 발휘할 것인가에 대한 구체적이고 세부적인 근거가 있어야 한다. 그리고 그것은 전략이나 방법과 관련이 있다. 기존의 공급자 중심 교육, 일방적인 지식전달은 조직의 목표와 방향에 수렴하지 못한다는 문제점이 있었다. 그런 점을 극복하려면 '역량'을 실제 업무에 적용하는 데서부터 접근하는 것이 중요하다. 역량이 가지고 있는 성과 지향성, 목표와 전략과의 연계성, 유연성과 활용성 등을 통해 일방적인 공급자 중심의 지식전달 교육에서 성과창출을 목표로 역량계발의 대상이 되는 수요자 중심의 교육훈련으로 전환해야 할 시점이다.

무엇보다 교육을 주관하는 부서의 역할이 중요하다. 교육 부서는 과거의 진행방식과 고정관념을 깨버리고 리더와 구성원의 역량향상을 위해 다양한 기회를 제공하도록 혁신해야 한다. 특히, 리더의 역량을 집중적으로 훈련하도록 해야 한다.

우리나라 기업이나 기관의 리더들은 매니지먼트 훈련을 충분히 받지 않고 직책에 보임되는 경우가 대부분이다. 해당 조직의 업무지식이나 경험은 많을지 몰라도 조직을 관리하는 법, 사람의 심리를 읽고 동기를 부여하는 법, 성과창출을 위한 매니지먼트 방법 등은 체계적인 훈련을 받지 않았다.

때문에 대부분 개인적인 역량에 의존하게 마련이다. 특히 실무자일 때와 다르게 리더의 위치에 오르면 가장 중요하게 수행해야 할 신규업무가 바로 '사람을 관리하는 업무'다. 팀원일 때는 주어진 일만 잘하면 우수한 인재로 평가를 받지만, 파트장이든 그룹장이든 팀장이든 본부장이든 조직의 리더가 되면 자신이 직접 일하는 것이 아니라 구성원들로 하여금 일을 하도록 해야 하기 때문에 동기부여 방법과 일을 제대로 시키는 방법을 알아야 한다. 이 2가지는 리더에게 아주 중요한 핵심역량이다.

조직의 목표를 설정하는 방법, 전략을 수립하고 코칭하는 방법, 구성원들에게 권한을 위임하는 방법, 연간 목표를 분기나 월간, 주간 단위로 캐스케이딩하는 방법, 평가하고 피드백하는 방법 등을 집중적으로 트레이닝해야 한다. 리더가 목표와 전략을 수립하는 방법과 리뷰하는 법을 제대로 실행할 줄 모르면 구성원들을 올바르게 코칭할 수 없다. 임원, 팀장, 파트장 등 다양한 직책의 리더들에게 역량훈련의 중요성을 인식시키고 방법을 익히게 한 다음 본인은 물론 구성원을 훈련시킬 수 있도록 회사 차원에서 지원할 방법을 고민해야 한다. 공정하고 객관적인 역량진단이 될 수 있도록 체계를 정비하고, 진단결과를 바탕으로 리더들의 역량에서 어떤 부분이 더 육성되어야 하는지 소통하며 리더들에게 방법을 전수하는 것이다.

그리고 현업의 각 부서는 역량훈련을 받은 리더가 직접 구성원을 훈련시킬 수 있도록 한다. 이때 리더는 실무자가 관련 내용을 스스로 깨달을 수 있도록 조력하는 퍼실리테이터 역할을 하는 것이 중요하다. 일방적으로 경험과 지식을 전달하는 게 아니다. 모의과제나 집단토론 등 실제 업무에서 바로 적용할 수 있는 방법을 통해 실무자가 부담을 느끼지 않고 가상의 일이나 프로젝트 내에서 고객, 현장, 경쟁사, 시장 등을 파악해볼 시간을 갖게 하는 것이다. 이럴 때 워크숍 방법을 적용하면 가장 좋다. 만약 바쁜 업무로 인해 워크숍이 부담스럽다면 회의나 간단한 질문을 통해 실무자가 가진 생각을 끄집어내는 정도의 액션만 취해도 큰 효과를 볼 수 있다.

6

직책자의 역할은 지시하고 통제하는 것이 하니라 성과를 창출하도록
'성과코칭'을 하는 것이다.
같은 팀장이라고 하더라도 상사형 팀장이 있고 리더형 팀장이 있다.
리더형 팀장은 권한위임과 성과코칭이 핵심역량이다.

리
더

'지시통제'하는 '상사형'에서
'권한위임'하는 '리더형'으로

아직도 권력형 상사가 지배하는
조직문화

　세상이 많이 바뀌었다고는 하지만 우리나라 기업은 여전히 계급사회 같다. 엄연히 '계급'이 존재하고, 자리가 권력 혹은 신분이 된다. 높은 자리에 오르면 인정과 명예, 금전적인 이득이 따라오고 다른 사람에게 행사할 수 있는 영향력도 커진다. 자리가 곧 사람을 만드는 기준이 되곤 한다. 그래서 조직에서 '상사'라고 하면 많은 사람들이 '권력과 권위'를 떠올린다. 위계서열의 전통이 강한 우리나라의 특성이 고스란히 반영된 것이다.

　밀레니얼 세대가 많은, 비교적 젊은 조직들은 분위기가

조금 다르겠지만, 여전히 많은 부분에서 상사의 지시·통제에 일방적으로 따라야 하는 게 우리나라 기업의 분위기다. 대한민국 직장인의 80%는 상사로부터 괴롭힘을 당한 적이 있다고 한다. 손가락 하나 까닥 않고 입으로만 이래라 저래라 명령하고 잔소리를 쏟아내는 상사, 일에 대해 상세한 정보를 주지 않으면서 빨리 해오라고 다그치기만 하는 상사, 혹여 잘못한 게 있을 때 합리적으로 가르쳐주기보다는 감정적으로 혼내기만 하는 상사…. 이런 권력형 상사의 말을 따르고 싶진 않지만, 그래도 내가 택해서 들어온 직장이니 참을 인忍 자를 가슴에 새기며 버텨본다.

그런데 시간이 흘러 자신이 그 자리에 올라가면 아이러니하게도 욕하던 그 상사를 빼닮게 된다. 호되게 시집살이한 며느리가 나중에 더 무서운 시어머니가 되는 원리와 같다. 사람은 자리가 높아질수록 겸손해져야 하는데, 오히려 그 반대로 높은 자리에 올랐으니 자기 마음대로 해도 되는 권한을 갖게 되었다고 착각하기 때문이다. 그토록 경멸했던 '계급적 갑질'을 자신도 모르게 하기 시작한다. 직위와 직책이 낮은 구성원들에게 함부로 대하거나 모욕적인 언사를 하는 것은 말할 것도 없고, 자신이 해야 할 일을 직위나 직책이 낮은 사람에게 아무 거리낌 없이 떠넘긴다. 사내 권력형 상사의 계보를 잇는 것이다.

자리는 내가 부릴 파워가 아니라, 조직을 더욱 잘 이끌어 달라는 회사의 바람이다. 그 힘은 내 힘이 아니라 조직의 힘이고 조직의 영향력이다. 리더는 CEO의 위임을 받아 그 자리에서 역할을 대신 실행하는 것에 불과하다.

그러나 권력형 상사들은 모든 문제를 구성원에게 떠넘기려고 한다. '문제 있는 아이는 없고, 문제 있는 부모가 있을 뿐이다.', '문제 있는 개는 없고, 문제 있는 견주가 있다.'는 말은 조직에서도 똑같이 적용된다. 엄격한 채용과정을 거쳐 조직의 인재상에 부합하는 인재, 향후 잠재역량까지 검증받은 인재로 뽑았다. 그렇게 어려운 관문을 통과해 입사한 구성원들인데, 왜 자신의 팀에 배정된 구성원만 문제가 있다고 생각하는가? 그러다 보니 권력형 상사들은 자신들이 그렇게 행동할 수밖에 없었던 이유에 대해 다음과 같이 변명한다.

지시하고 통제하는 것이 효율적이다?

다른 부서의 팀원들은 일을 찾아서 하고, 알아서 처리하며, 하나를 가르치면 열을 깨우친다. 그런데 우리 팀원들은 아무리 가르쳐줘도 헤매고 뭐 하나 똑 부러지게 처리하는 게 없다며 답답해한다. 이런 악조건(?) 속에서 권력형 상사들은 주어진 자원은 한계가 있기 때문에 자원을 낭비하지 않고 일을 그르치지 않으려면 결국 하나하나 지시하고 통제하는 것이 효율적이라는 생각을 갖게 된다. 모든 것을 자신이 컨트롤해야 마음도 편하고 일의 결과도 좋을 거라고 확신하는 것이다.

구성원을 믿지 못하니 일의 진행과정을 사사건건 간섭하게 되고, 이로 인해 어쩔 수 없이 일처리 시간이 길어지고 에너지 소모가 많아진다. 이런 리더들은 하나같이 과거에 자신이 실무자였던 시절에 쏟았던 시간과 노력에 비하면 현재의 구성원들의 능력과 역량이 한참 부족하다면서 탐탁지 않아 한다. 그래서 자신이 일일이 개입하지 않으면 조직이 절대 굴러가지 않는다고 생각한다.

그러나 처음에는 이 방법이 효율적인 것처럼 보일 수 있으나 시간이 흐르면 팀원들은 시키는 일만 겨우겨우 해내고 일을 하는 방법도 리더에게 전적으로 의존하게 된다. 리더는 자신이 모든 것을 통제하는 것이라 생각하지만, 실은 자신이 구성원들에 의해 통제당하고 있는 것인지도 모른다.

경영의 구루 피터 드러커는 일하는 방식이 MBD Management By Domination 방식에서 MBS Management By Self control 방식으로 바뀌어야 지속가능한 성과가 창출될 수 있다고 했다. 인간은 스스로 독립적일 때 열정적으로 일하기 때문이다. MBD 방식이란 리더나 상위 조직에 의한 지배방식이고 MBS 방식이란 자율책임경영 방식을 말한다. 자율책임경영이 정착되기 위한 기본조건은 2가지다. 사전에 기준에 대해 합의하는 것과 자기완결적 실행역량을 갖추는 것이다.

핵심인재들은 쉽게 이직하니까 잘해줄 필요 없다?

평소 일 잘하던 구성원이 이직하는 것은 리더로서는 편치 않은 일이다. 그동안 자신의 업무스타일에 맞게 잘 훈련하고 이끌어줬는데 이제 와서 그만둔다니 배신감마저 든다. "직장생활 별거 없다. 다른 데 가보면 더하다. 네가 아직 사회를 잘 몰라서 그렇다."고 말하면서 이직하려는 사람을 탓하거나 타사를 깎아내린다.

능력과 역량이 있는 핵심인재들은 새로운 방법을 시도하길 원하고, 도전하길 좋아하고, 잘못된 것이 있으면 개선하려고 한다. 반면에 권력형 상사들은 지시하고 통제하길 좋아하기 때문에 핵심인재들이 창의적으로 일할 수 있는 환경이 조성되기 어렵다. 핵심인재들은 실행은 물론 의사결정도 스스로 하기를 원하는데, 현재의 조직에서는 상사가 시키는 일만 하는 기계가 될 것 같아 불만스러운 것이다. 그러면 결국 이직을 결심하게 된다.

그리고 그 이면에는 상사가 싫어서 떠나는 것도 있다. 특히 밀레니얼 세대가 집중되어 있는 사원, 대리급에서는 흔한 일이다. 요즘 세대가 힘든 일을 못 참아서 혹은 회사에서도 제멋대로 행동하고 싶어서 이직을 선택하는 것이 아니다. 그들이 일하는 방식과 가치관이 꼰대 같은 상사와 맞지 않기 때문이다.

상사는 원래 미움받는 자리다?

우스갯소리로 '상사는 원래 욕먹는 자리'라는 말이 있다. 상사라면 누구나 구성원들에게 욕을 먹어가며 일할 수밖에 없다는 것이다. 그런데 과연 구성원들이 아무 이유 없이 상사를 피하고 뒤에서 험담하는 것인지 생각해볼 필요가 있다.

미움받는 상사를 보면 여러 가지 원인이 있다. 그중에서도 가장 큰 이유는 서로 간의 신뢰문제다. 함께 고생해놓고 공을 가로채 간다든지, 사소한 약속을 지속적으로 지키지 않는다든지, 힘든 시기에 공감해주지 못하고 타박만 한다든지… 등등, 구성원들이 상사를 믿고 따를 수 없게 하는 원인을 제공한다.

이러한 상사들은 공통점이 있다. 자신의 승진과 성과에

만 관심이 있다는 것이다. 그 자리를 유지하거나 자신만 돋보이고 싶은 욕심에 구성원은 뒷전이다. 중요한 업무를 부여할 때도 그 역할에 맞는 사람을 배치하는 것이 아니라, 자기편인지를 더 중요한 판단기준으로 삼는다.

리더는 책임지고 있는 조직의
성과물에 대한 품질보증 책임자다

'리더'라는 자리는 '계급'이 아니라 그가 해야 할 '역할'이다. 그러나 리더들은 승진을 하면 자신의 파워를 엉뚱한 곳에 쓴다. 마치 왕처럼 구성원들 위에 군림하려 하는데 이는 그동안 리더의 역할이 전수자 역할에 한정되었기 때문이다. 일에 대한 경험과 지식이 많은 리더들은 구성원들에게 일을 가르치고 조언하는 역할을 했기 때문에 직책이 올라갈수록 점점 더 늘어가는 파워를 일종의 권력으로 사용하는 것이다. 리더의 진짜 역할을 모르는 채 계속해서 지식을 전수하는 전수자 역할만 한다면, 결국에는 구성원들의 성과에 묻어가는 수준밖에 되지 않는다. 현재까지도 많은 리더들이 구성원들의 성과를 가로채고, 그들의 실무역할을 함께 나눠서 하지 않으면서 전수자로만 군림한다. 리더가 해야 할 중요한 일들을 하지 않는 것이다.

변화하는 경영환경 속에서 리더의 역할도 혁신해야 한다. 밀레니얼 세대, 글로벌 인재 등 기존과는 전혀 다른 사고방식을 가진 이들이 조직에 대거 유입되고 있다. 리더의 의식과 가치관을 바꾸지 않으면 이들과 소통도 안 되고 이들의 역량을 끌어내기는커녕 이끌어나갈 수도 없다.

그리고 일하는 방식이 변화하고 있다. 일하면서 사용하는 기계나 시스템들이 점점 발달하면서 과거에 리더들이 알고 있던 방식은 구식이 되어간다. 구성원들은 빠른 습득력으로 기계와 시스템을 익히는데, 리더는 옆에서 잔소리만 하는 꼴이다. 또한 인터넷과 여러 매체의 발달로 더 이상 리더의 경험담을 들을 필요가 없어졌다. 구성원들은 인터넷을 이용하여 경쟁업체, 동종업체, 심지어 해외 기업의 일하는 방법과 전략까지 익힐 수 있다. 과거에는 일을 어떻게 해야 할지 몰라 사수의 도움이 절실했지만 이제는 굳이 사수가 없어도 스스로 일을 찾아서 하고, 문제가 생기면 오프라인 모임, 인터넷 카페 등에서 다른 사람의 조언을 얻어 충분히 문제를 해결할 수 있게 되었다.

리더는 과거의 전수자 역할에서 벗어나 이제는 품질보증 책임자와 동기부여자로 변신해야 한다. 구성원이 일하면서 겪는 어려움이나 전략을 고민할 때 코칭을 해주고, 모니터링하면서 그들이 품질 좋은 성과를 낼 수 있도록 도우며, 또한 지속적인 성과를 창출할 수 있도록 이끌어주고 동기부여해주면서 일에 의미를 부여해줄 수 있어야 한다.

리더는 계급이 아니고 역할이다.
리더의 역할은 성과코칭과 권한위임이다.

직장은 조직의 목표를 달성하기 위해, 구성원 각자가 역할을 분담하고 맡은 일을 해나가는 집단이다. 팀은 그 집단의 일부분인 동시에 사업성과를 내는 단위다. 팀을 구성하는 사람들에게는 각자의 역할이 주어지며, 여기서 말하는 '역할役割'이란 조직의 성과창출을 위해 일정 기간 동안 자신이 해야 할 구체적인 일이다.

리더는 팀, 사업본부 등의 조직을 맡아 리더십을 발휘해 성과를 내야 하는 사람이다. '조직을 이끌고 성과를 내는' 것이 절대적으로 중요한 역할이다. 리더는 자신이 조직을 위해 할 수 있는 일이 무엇이며, 자기 위치에서 어떤 역할을 해내야 하는지를 명확히 알아야 한다. 리더가 스스로 역할을 정립하지 못하면 구성원들의 역할도 정립해줄 수가 없다. 만약 그 직책이나 위치에서 해야 할 일이 무엇인지 모르거나, 알아도 할 생각이 없다면 그 자리를 내놔야 한다. 그래서 역할에는 사명감이 전제되어 있다. 하고 싶은 대로 하는 게 아니다. 자신의 위치, 직책에 맡는 일, 그 자리에 앉은 사람이 해야 할 일을 하는 것이 리더의 역할이다.

과거 리더의 역할은 구성원에게 해야 할 일과 실행방법을 지시하고, 경과를 보고받은 후 칭찬하거나 질책하는 게 다였다. 하지만 지금은 요구되는 역할이 달라졌다. 이제는 구성원들에게 성과목표를 부여하고 달성전략을 코칭하는 것이 리더의 역할이다. 구성원들이 탁월한 성과를 창출할 수 있도록 만드는 것이, 리더가 조직에 기여해야 할 가장 중요한 가치인 것이다. 그리고 구성원들이 창출해낸 성과에 대해 책임질 줄 알아야 한다.

**구성원들에게 역할과 권한을 나눠주고
자율성을 키워주어라.**

급변하는 환경에 조직이 살아남으려면 최상위 계층에서부터 하위 계층에 이르기까지 매순간 신속하고 능동적으로 다양한 의사결정을 해내야 한다. 리더는 먼저 구성원들이 각자의 업무를 잘 수행할 수 있는 여건을 조성해주어야 한다. 그래서 등장한 것이 임파워먼트empowerment와 델리게이션delegation이다. 리더는 조직의 성과창출을 위해 직접 업무를 실행하지 않더라도 구성원 각자에게 역량에 맞는 역할을 부여해야 한다. 이것이 임파워먼트다. 또한 성과목표를 달성하기 위한 실행권한을 위임하여 실행하게 하는 것이 델리게이션이다. 이 2가지를 통해 팀의 성과를 지속적으로 창출해나간다.

밀레니얼 세대들은 개인의 권리를 중시하는 것만큼 임파워먼트적 요소가 필요하다. 맡은 일에 대해 자신의 의견을 주장할 수 있고, 자기완결적으로 책임 있게 마치고 싶어 하기 때문에 임파워먼트를 통해서 통제권을 갖길 원한다. 만약 의사결정에 관한 권한이 여전히 상위 몇몇 사람에게만 있고 실무자에게 위임하지 않는다면, 그 조직은 시대의 흐름과 역행하는 셈이다.

'임파워먼트'란 동사 '임파워empower'와 명사형 어미 '~먼트ment'의 합성어다. 동사 empower는 접두어 em에 power가 결합한 단어로, 결국 '힘power'이라는 단어를 기반으로 생겨난 개념이다. 여기서 말하는 힘은 단순히 물리적인 힘만이 아니다. 자신의 권리를 행사하고 주장을 관철시키기 위해 통제력을 발휘하는 것을 포함한다. 일반적으로 개인이 타인에게 발휘하는 통제력, 영향력 혹은 자신의 삶에 더 큰 통제력을 가지게 하는 원동력인 셈이다. 조직에서는 상위 리더가 해야 할 일을 구성원이 위임받고 대신 수행하는 것을 '임파워먼트', '역할위임'이라고 한다.

한편, 델리게이션이란 실행전략을 믿고 실행행위를 맡기는 것이다. 일반적으로 조직에서 '책임만 있고 권한은 없다. 권한을 위임해달라.'라고 이야기할 때 사용하는 바로 그 '권한위임'을 말한다. 즉 실행전략의 선택과 실행방법의 의사결정에 관한 권한이다. 우리가 일하는 문화를 '딥 이노베이션' 하려는 목적 중 하나는, 각자 자율책임경영을 하자는 것이다. 여기서 '자율'은 권한이 있느냐 없느냐로 결정된다. 권한이 적을수록 자신이 선택할 수 있는 의사결정의 폭이 줄어들어 상위 리더의 결정에 의존할 수밖에 없다. 자율적으로 일을 할 수가 없다는 뜻이다. 자율이 없으니 열정을 가지고 스스로 동기부여하기도 어렵다. 자율성은 실행권한이 담보될 때 실현 가능하다.

성과코칭과 권한위임 중심의
리더형으로 거듭나는 법

사람마다 성향도 다르고 원하는 리더상도 다르기 때문에 특정한 모델을 정해놓고 거기에 맞추는 것은 무의미하다. 그에 맞는 사람이 되기 위해 노력할 필요도 없고, 리더를 그 틀 안에서 교육할 필요도 없다는 말이다. 리더라면 지켜야 할 단 1가지만 기억하면 된다. 리더는 지시·통제하는 사람이 아니라, 구성원들이 스스로 전략을 고민할 수 있도록 코칭하고 실행행위를 위임해주는 퍼실리테이터여야 한다는 점이다.

리더는 구성원을 주관적으로 판단해서는 안 된다. 구성원은 의사결정해서 이루어낼 결과물이 과연 무엇인지를 깊이 생각하고, 결과물과 의사결정 사이의 인과관계가 분명한지 객관적인 자료로 따져보면서 사실을 근거로 결정해야 한다. 이는 주도적, 자기완결적 업무처리의 기본이다.

1. 직책별·기능별·기간별로
리더의 역할을 구체적으로 명시하라.

역할에는 직책별 역할, 기능별 역할, 기간별 역할이 있다. 이 중에서 리더에게 가장 중요한 역할은 직책별 역할이다.

리더에겐 조직의 단기성과를 책임지고 달성하기 위한 '직책'이 부여되고, 직책에 따라 반드시 해야 할 일, 과제, 역할행동이 '직책별 역할'로 정의된다. 직책별 역할이란, 자신을 포함하여 구성원들에게 해당 기간의 성과목표를 달성하기 위한 역할과 책임을 공정하고 투명하게 할당하는 것이다. 그러려면 다음의 단계를 유념해야 한다.

첫째, 조직이 지속적으로 성과를 창출할 수 있도록 혁신하고 개선해야 할 과제와 2~3개월 후나 미래의 성과를 창출하기 위한 선행과제를 미리 파악하고 직접 실행한다. 둘째, 구성원들이 성과목표를 달성하기 위한 전략과 액션플랜을 창의적이고 혁신적으로 수립할 수 있도록 코칭하고 전략적으로 실행하도록 한다. 셋째, 구성원들이 수립한 전략을 실행하고 나면, 구성원의 성과를 평가하고 실행과정에서 드러난 능력과 역량의 부족부분에 대해 개발계획을 세우도록 해 구성원을 육성한다.

'기능별 역할'은 다른 조직이나 담당자와 구분되는, 상위 조직에 기여해야 하는 소속 조직과 개인의 업무분장 내용이다. 본부별, 사업부별, 팀별, 팀원별로 처리해야 할 업무내용을 말한다. '기간별 역할'은 연간, 반기, 분기, 월간, 주간과 같이 정해진 기간 내에 반드시 해야 할 일, 과제를 말한다. 기간별 역할을 수행할 때는, 먼저 전체 기간 내에 책임져야 할 결과물을 캐스케이딩하여 세부 기간별로 역할과 책임을 구체화해야 한다.

2. 임파워먼트를 통해 역할을 부여하고 주기적으로 역할수행을 관찰하고 기록하라.

앞에서 말했듯이 임파워먼트는 사람을 믿고 그에게 일을 맡기는 것이다. 구성원들의 능력과 역량을 진단하여 누구에게 어떠한 역할을 부여할 것인지 정하는 것을 의미한다. 조직 전체 차원에서 업무의 범위나 기준, 지향해야 할 전략적 관점은 인사 부서에서 제시하고 지원하겠지만, 실질적으로 단위 조직 내 역할분장은 해당 리더들이 해야 한다.

단위 조직 내에서 구성원들에게 어떠한 역할을 부여할 것인가 하는 의사결정은 리더에게 달려 있는데, 그 의사결정에도 합리적인 근거와 기준이 필요하다. 가장 먼저 구성원의 능력과 역량을 진단하고 주기적으로 역할을 부여하면서 역할수행을 관찰하고 기록해야 한다. 이러한 근거자료를 바탕으로 리더는 구성원의 자질을 평가하고 피드백함으로써 향후에 어떠한 역할을 부여할지 의사결정한다.

3. 델리게이션으로 성과목표를 부여하고 의사결정권과 실행의 권한을 맡겨라.

델리게이션은 성과목표를 달성하기 위한 전략과 방법을 사전에 협의하고 코칭하여 실행하는 과정을 위임하는 것이다. 구성원들이 전략을 실행할 때 그 실행방법을 스스로 선택하도록 권한을 주고, 실행결과에 대한 책임까지 스스로 질 수 있는 자율경영 메커니즘을 실천하는 것이다. 리더가 구성원에게 위임하는 권한의 대상은, 리더가 해야 할 '업무나 과제'가 아니라, 구성원들이 성과창출을 하기 위한 '전략과 실행방법'을 능동적으로 선택하는 '의사결정권한'이다.

리더가 부여한 성과목표에 대해 사전에 공감하고 합의했다면, 이를 달성하기 위해 구성원이 고민한 전략과 방법에 대해 리더가 인정해줄 때, 비로소 델리게이션이 제대로 이루어졌다고 볼 수 있다. 델리게이션이 제대로 이행하기 위해서는 다음의 3가지 실천사항을 숙지해야 한다.

첫째, 리더는 자신이 기대하는 성과목표를 구성원들에게 명확하게 알려주었는지 확인해야 한다. 자신이 생각하는 결과물의 모습을 구성원들이 동일하게 인지하고 있는지 파악하는 것이 중요하다. 둘째, 어떻게 실행할 것인지, 그 전략에 대해서도 미리 공감대를 형성해야 한다. 구성원들의 맹목적인 실천의지에만 의존하지 말고, 실제로 공략해야 할 타깃이 무엇이고 어떤 방법으로 실천할 것인가에 대해 의견을 확실히 묻고 사전에 코칭하는 것이 필요하다. 마지막으로 실행방법에 대한 전략이 큰 틀에서 문제가 없다면, 실행에 관한 의사결정권한을 전적으로 구성원에게 넘기고 성과가 나올 때까지 믿고 맡겨야 한다. 물론 실행과정에 대해서는 주기적으로 모니터링하고, 예상 리스크요인에 대해 선제적으로 조치해주어야 하며, 필요자원도 조달해주어야 한다.

4. 성과목표와 관련이 깊은 현장전략을 중심으로 실무자가 의사결정하게 하라.

과거의 풍부한 성공경험을 바탕으로 자신의 전략과 방법

을 구성원들에게 강요하는 리더들이 있다. 또는 "안 봐도 뻔하다."며 현장에 나가보지도 않고 전해들은 설명만으로 의사결정을 내리기도 한다. 과거에는 이러한 리더들의 경험과 주도적이고 신속한 의사결정으로 환경변화에 대응할 수 있었다. 하지만 요즘 같이 고객 중심의 불확실한 경영환경에서는 예측대로 되는 일이 아무것도 없는 데다, 변화의 속도가예전과는 판이하게 다르다. 현장에 나가서 직접 보지 않고는아무리 베테랑이어도 얼마든지 실수할 수 있다.

현장에는 고객과 그 고객을 직접 응대하는 실무자가 있다. 실무자가 올바른 의사결정을 할 수 있도록 그들의 실행 행위에 일정 부분 권한과 자율을 부여해야 한다. 실행권한을 위임하는 것은, 주인의식을 갖고 자율적으로 책임경영을하게 만드는 기반이 된다. 실무자들이 일에 대해 주인의식을 가질 수 있도록 현장 중심의 의사결정 환경을 만들어주는것, 그것이 바로 이 시대의 리더가 해야 할 역할이다.

현장은 성과목표 달성을 가능케 만드는 핵심정보의 바다다. 누군가는 이 핵심정보로 성과를 내지만, 누군가는 그게핵심정보인 줄도 모른다. 리더는 구성원의 파트너로서 리더자신이 좋아하는 정보만 골라서 보고 듣지 말아야 한다. 현장에서 찾은 어떠한 핵심정보가 어떻게 성과로 이어지는지에 대해 구성원을 코칭해줄 수 있어야 한다.

의사결정권한도 있고, 현장의 정보를 읽을 수 있는 역량도 있는 구성원들은 리더가 시킨 일이 아닌 스스로 설정한 목표를 달성하기 위해 일한다. 구성원들이 성과창출을 위해 해야 할 실행방법을 리더가 일일이 지시하고 의사결정하기에는 불가능한 환경이 되었다. 이제는 리더가 바로 옆에서 일일이 지시, 통제하지 않더라도 사전에 업무수행을 통한 성과기준을 미리 정해 놓고, 구성원들이 자율적으로 자기 성과 책임을 다할 수 있는 환경을 만들어주어야 한다.

5. 실무자 스스로가 자기완결형 성과경영자로 성장하도록 도와라.

스스로 일하게 만드는 방법 중 가장 효과적인 것은 실무자를 성과코칭 하는 것이다. 코칭은 티칭과는 달리 지식을 전달하는 개념이 아니라, 일하는 사람이 자율적으로 행동하고 창의적인 아이디어를 낼 수 있도록 돕는 일련의 과정이다.

코칭을 잘하기 위해서는 구성원이 스스로 깨달을 수 있도록 리더가 질문을 잘해야 한다. 실무자가 어떻게 성과목표를 달성할 것인지 전략과 방법에 대해 고민할 때 방향을 제시해주거나 스스로 답을 찾도록 힌트 정도만 주는 것이 좋다. 또한 현장의 이야기를 귀담아 경청해야 한다.

성과코칭을 제대로 하기 위해서는 실무자가 주기적으로 현장상황을 보고하게 하고 리더가 면밀히 관찰해야 한다. 이때 리더는 성과창출 프로세스에 대한 이해·질문·경청·관찰의 4가지에 집중해야 한다. 실무자를 디테일하게 관리하기보다는 그들이 스스로 일할 수 있도록 이끌어주는 것이 중요하다.

아직 역량이 부족한 구성원들에게는 지나치게 어려운 업무를 주어서는 안 된다. 구성원들이 도저히 해낼 수 없는, 난이도 높은 일이 있다면 그것은 리더가 직접 해야 할 일이다. 리더는 도전적인 업무와 팀원의 현재 역량으로 해낼 수 있는 업무를 구분할 줄 알아야 한다. 도전적인 업무랍시고 해낼 수 없는 일을 부여하면, 그 일을 받은 구성원은 번아웃은 물론이고 자신 때문에 목표달성에 실패했다는 자책감에 휩싸인다. 구성원 개개인의 역량에 꼭 맞게 업무를 배분하는 일도, 실무자가 스스로 성장할 수 있도록 돕는 좋은 방법이다.

7

사람관리의 본질은 조직과 구성원의 동업자 거래관계이다.
사람관리의 처우기준을 근무시간과 능력이 아닌
창출한 성과와 발휘한 역량에 두어야 한다.
사람관리의 패러다임을 집단 중심의 획일적 관리에서
개인 중심의 차별적 관리로 전환해야 한다.

인사

연공과 능력 중심의 '종업원' 관리에서
성과와 역량 중심의 '동업자' 관리로

1980년대에 태어난 사람들을
1980년대 방식으로 관리하겠다는
답답한 발상

　우리나라 사람들은 어딜 가나 '장유유서'를 지나치게 따진다. 군대를 다녀온 남성들은 더욱 예의, 경륜, 나이를 중시하는데, 그러한 문화는 조직의 인사관리에도 반영되었다. '우리 회사에 얼마나 오래 있었는지', '이 분야에서 일한 경력은 얼마나 되는지', '인성은 바른지, 성실한 사람인지' 등 근속년수와 직무경험, 태도를 강조하는 연공적인 요소가 관리의 주요 메커니즘이 된 것이다.

　근속년수와 근무시간을 기준으로 임금을 산정하여 지급하는 시급제와 월급제가 1990년대까지 대부분의 기업에서 운영되어왔다. 근속연수와 근무경력 중심의 연공서열 인사, 호봉제를 기반으로 하는 임금체계, 평생고용을 전제로 조직에 충성심을 갖도록 하기 위한 일본식 인사관리가 접목된 결과다. 최근까지도 많은 직장인들이 임금 차등배분의 기준을 성과나 역량, 능력보다 근무태도로 삼아야 한다고 생각한다는 통계가 많다.

이러한 인사관리 분야가 성과창출에 직접적인 영향을 미치는 전략적인 차원에서 제대로 운영되지 않는다는 지적은 계속되어 왔다. 많은 조직과 경영진들은 인사관리를 가장 시급히 개선해야 할 도전적인 과제로 여기면서도 정작 우선순위에서는 맨 끝으로 미뤄두었기 때문이다. 어쩌면 이미 예견된 일이다. 한 조직의 인사관리 제도는 그 조직이 처해 있는 시장 환경의 변화를 읽어야 하고 경영전략의 방향과 그 궤를 같이 해야 한다. 1980년대까지 국내 기업들의 시장, 경영 환경은 공급자 중심이었다. 수요가 워낙 많았고 산업별로 공급자는 그다지 많지 않았기 때문에 경쟁자를 의식할 필요도, 소비자의 니즈와 원츠를 제대로 파악할 필요도 없었다. 오로지 제품의 기능과 품질만 좋게 만들면 되었다. 때문에 조직 구성원들도 어느 정도 지식과 기술을 가지고 시키는 대로 말 잘 듣는, 즉 태도가 좋은 사람이면 충분했다. 그리고 구직자들 입장에서도 공공기관이나 은행권, 그리고 학교를 제외하고 취업할 만한 매력적인 기업은 그리 많지 않았다.

1980년대를 거쳐 1990년대에 접어들면서 시장에서 같은 분야의 경쟁기업들이 점점 늘어나기 시작했다. 그리고 과학기술과 정보통신기술이 빠르게 발전하면서 더 이상 기능이나 품질만으로 소비자의 선택을 받기가 힘들어졌다. 시장이 포화되고 나서도 공급자인 기업들은 제품의 품질에만 신경 쓰면서 품질경영을 표방했지만, 여전히 공급자 중심이었다.

하지만 1990년대 말부터 2000년대를 들어서면서 글로벌 시장이 활짝 열렸다. 인터넷과 정보통신기술이 비약적으로 발전해 가치 중심의 경쟁이 본격적으로 시작되었다. 이제는 제품의 품질이나 기능이 아무리 뛰어나도 소비자에게 부가가치를 가져다줄 수 없다면 시장에서 외면당한다. 또한 품질이 훌륭하지만 고객접점에서 그 제품을 판매하는 구성원이 불친절하다면 가차 없이 경쟁사 제품을 구매한다. 그뿐인가? 비윤리적으로 생산한다는 루머라도 돌면 곧바로 보이콧한다. 시장에 나온 제품들은 웬만하면 성능이 좋고 가격도 합리적이기 때문에 소비자들은 어떤 제품을 사야 좀 더 가치 있는 소비를 하는 것인지를 고려하기 시작한 것이다. 그렇다면 과연 이런 경영환경에서 기업들은 어떠한 인력을 확보하고 육성해야 할까?

이러한 시장의 흐름을 이해하지 못한 채, 과거의 공급자 중심 인사관리를 계속하면 어떻게 될까? 금전적인 보상에 치중하고 단기실적에만 집착하는 부작용이 생긴다. 힘들게 데려온 유능한 인재들은 부당함이나 불합리함을 느끼고 이탈할 수밖에 없다. 시장환경이 고객 중심으로 전환되고 내부의 업무환경도 달라졌다. 조직도 성과창출에 기여하는 가치지향적인 기준을 중시하게 된 것이다. 이렇게 안팎으로 모든 것이 달라진 시대, 기존에 해왔던 소위 연공서열형 평가보상을 중심으로 한 인사원칙에도 변화가 필요해졌다.

'시간과 능력'에서 '성과와 역량'으로
사람관리의 핵심이 바뀌었다

    이 책의 서두에서 밝혔듯이 2018년 7월부터 주 52시간 근무제가 도입되었다. 정부가 나서서 근무시간을 단축하자는 방침을 세웠고, 국내 기업들이 '야근 없는 직장'을 만들기 위해 애쓰고 있다. 퇴근시간이 되면 알림방송을 내보내고, 자동적으로 사무실 조명을 소등하거나 컴퓨터가 꺼지도록 한다. 이미 2016년에 퇴근 후 메신저를 통한 업무연락을 하지 못하도록 하는 '카톡 금지법'이 국회에 발의되었고, 수년 전부터 탄력근무와 유연근무제 등을 도입하고 시행하는 직장들이 늘었다. 이러한 변화는 인사관리의 관심대상이 '얼마나 오래 일하느냐?' 하는 '근무시간'에서 '정해진 일정 내에 원하는 성과를 제대로 냈는가?' 하는 '성과책임'으로 바뀌고 있다는 것을 보여주는 단면이다.

누구나 한정된 자원과 제한된 역량을 가지고 글로벌화, 고도화, 전문화된 업무를 수행해야 하는 환경이다. 이처럼 치열한 생존경쟁에서 능동적·자기완결적으로 움직이지 않으면 낙오할 수밖에 없다. 만약 여전히 월급쟁이 근성을 벗어버리지 못하고 예전처럼 '열심히' 일하는 데만 초점을 둔다면, 조직에 기여해야 할 책임을 다하지 못하게 된다. 아무리 근무시간을 꽉 채워 열심히 일한다고 해도 동료, 팀, 조직에 민폐를 끼치는 상황에 직면한다.

조직이 구성원에게 요구하는 가치는 '시간'이 아니라 '성과'다. 이 점을 제도적으로나 시스템적으로 구성원들에게 분명히 어필할 필요가 있다. 구성원들이 자생적·자발적으로 자신의 역할을 수행하여 조직에 기여해야 할 기간별 성과를 지속적으로 창출할 수 있는 업무환경을 조성해주어야 한다.

그러기 위해서는 '의도한 결과물을 달성해냈는가?'와 '성과를 창출할 수 있도록 역량을 발휘했는가?'를 평가·보상하고, 그에 따라 승진시키는 것이 앞으로 나아가야 할 인사관리의 핵심 키워드다. 모든 사람이 역할과 책임을 중심으로 수평적인 조직문화를 형성하고, 개인과 조직의 역량을 향상시킴으로써 장기적이고 지속적인 성과를 창출할 수 있는 시스템을 구축하기 위해서다. 일을 실행하는 당사자가 성과를 창출하기 위한 전략과 방법에 대해 자율적·자기완결적으로 의사결정하고, 조직은 구성원 각자가 가진 역할의 가치를 독립적으로 존중해야 한다.

그러려면 조직은 다음과 같은 4가지 질문을 끊임없이 던지며 부족한 부분을 개선해야 한다.

- 구성원들이 성취·경쟁·자유·자율을 존중받는 수평적인 구조와 관계를 형성하고 있는가?
- 조직은 구성원 각자에게 차별화되고 창의적인 방식으로 일할 자유를 보장해주는가?
- 구성원의 개인적 성취감을 고취시키는 도전의 기회가 열려 있는가?
- 조직은 구성원의 미래비전을 존중해주고 자기계발의 기회를 제공해주는가?

비용절감만 생각하는
종업원 관리에서 벗어나라

'사람'을 보는 관점,

'인력'에서 '인적자원'으로 바꿔라.

전통적인 인사관리는 '인력manpower'이라는 개념으로 구성원을 통제하고 유지의 대상으로 다루면서 생산성 향상과 노동비용의 최소화를 강조해왔다. 이는 테일러Frederick Winslow Taylor식 경영원리에 기반한 것으로, 인사관리의 기능들을 제도화하지 못했다는 문제가 있다. 또한 인원 중심의 비용감소에만 주력하다 보니 사람을 육성하고 성장시키는 관리가 다소 합리적이지 못했다. 구성원들을 하나의 생산

요소로 보고, 생산을 위한 원부자재와 비슷한 개념으로 인식했기 때문에 직급과 직위 등 집단적인 계층 테두리를 정하고 그것에 맞추어서 인사관리를 했던 것이다. 과거의 방식은 바로 이러한 100년 전 사고가 바탕이었다.

'인력'을 대체하는 용어 '인적자원'은 그 의미가 다르다. '인적자원human resource'은 비용 측면을 강조하는 '인력' 개념보다 광범위한 것으로, 단순한 노동력 수준의 생산요소가 아니라 지식과 기술은 물론이고 역량과 가치관의 차원을 총괄하는 개념이다. 인적자원이 조직의 가장 중요한 경영자원으로 인식되는 이유가 뭘까? 당연한 이야기지만, 인적자원은 조직이 가진 모든 경쟁우위의 원천이자, 능력과 역량을 발휘하는 근본적인 주체이기 때문이다. 그런데도 많은 조직들이 사람을 '인적자원'으로 인식해야 하는 사회변화를 인식하지 못하고, 여전히 인건비 최소화와 효율성만을 강조하는 대상으로 바라본다. 인사관리 운영의 첫 단추부터 잘못 끼운 셈이다.

어느 회사나 인사관리를 하고 있지만, 진정한 의미의 인사관리라기보다는 구성원들의 인적사항 정보를 효과적으로 관리하기 위한 단순 반복적인 행정업무에 국한되는 경우가 많다. 자잘한 행정업무에만 연연하느라 지금껏 인사관리는 조직 내 다른 제도들과 상호보완적으로 운영되지 않았고, 때문에 인적자원의 잠재적 역량을 효율적으로 활용하지도 못했다. 자원의 한계를 극복하고 최대한의 성과를 내려면 '선택과 집중'이라는 운영의 묘를 살려야 하는데, 여전히 '선先 사람, 후後 직무' 식으로 사람을 먼저 정해놓고 업무를 배치하고 맞추려 한다. 이는 순전히 관리하는 사람만 편하겠다는 발상이다.

언제까지 상사 중심의 지시통제 방식으로 종업원 관리를 할 것인가?

여전히 많은 조직에서 상사가 일일이 지시통제하고, 실무자가 그대로 업무를 수행하면 업무결과는 실무자가 책임진다. 또한 '차등적 평가보상'이라며 업무결과에 따라 처우를 다르게 하는 시스템을 운영하기도 한다. 이는 '무늬만 성과주의 인사'지, 실질적으로는 상사 중심의 지시통제 방식에 기반을 둔 '결과주의 인사' 시스템이다. 실행과정에 대한 의사결정은 주로 상사가 내렸기 때문에, 업무결과를 담당자에게 책임지라고 하면 당연히 불만스러워할 수밖에 없다.

앞에서 여러 번 얘기했듯이, 진정한 성과주의는 실무자가 자신이 책임져야 할 성과목표를 사전에 합의하고, 실행방법도 의사결정하며, 결과에 대해서도 책임지는 메커니즘이다. 권한위임이라는 전제가 성과주의의 핵심 쟁점사항이다.

대부분의 조직에서 팀이나 본부 단위의 성과지표에 대해 '결과만 좋으면 과정을 무시해도 된다.'는 결과지상주의로 바라보았고, 이는 결국 성과주의 인사마저 왜곡시켜 해석하고 운영하는 결과를 낳았다. 이렇다 보니 실무를 책임지고 있는 조직이나 팀원에게 자기주도적이고 자기완결적으로 일할 수 있는 업무환경을 마련해준다는 것은 요원한 일이 되었고, 오로지 실적지표에 대한 수치결과만으로 인사운영을 하게 된 것이다. 구성원들이 잠재역량이나 열정, 도전정신은 지속적으로 퇴보할 수밖에 없다.

또한 어떤 사람이 앞으로 성과를 반복적으로 창출해낼 수 있을 것이라는 검증방법이 없다 보니 상사의 주관적인 의견이나 학력, 경험, 지식 등 주로 연공과 관련된 요소들을 기준으로 인사를 해왔다. 이로 인해 성과창출에 직접적인 영향을 미치는 실질적·전략적 실행력에 기반을 둔 역량 중심의 인사관리가 제대로 운영되지 않았던 게 사실이다.

성과와 역량 중심의 '동업자 관리'로
인사를 혁신하는 법

1. 회사가 인재에게 바라는 공헌조건,

인재가 회사에 바라는 유인조건을 명시하라.

유인조건inducement factor이란 같이 일하고자 하는 구성원
들에게 제시하는 미래비전, 급여조건, 인사관리 제도, 조직
문화 방향, 리더십 기준 등 근무에 따른 혜택이나 조건이다.
새로 입사하고자 하는 사람들에게 같이 일하고 싶게 만드는
기준이자, 기존 구성원들에게 계속 같이 일할 것인가 아닌가
를 의사결정하게 하는 기준이다.

공헌조건contribution factor이란 유인조건의 대척점에 있는

196

개념이다. 조직이 구성원에게 요구하는 기준이다. 인재상, 지켜야 할 핵심가치, 기간별로 책임지고 창출해야 할 성과, 발휘해야 할 역량, 갖추어야 할 능력 등이다.

조직과 구성원은 서로의 상대적 조건을 끊임없이 검증한다. 조직은 인사평가나 승진심사라는 제도적인 장치를 통해서, 그리고 구성원은 조직이 제공하는 여러 가지 보상과 조직문화, 리더십을 보고 판단하여 계속 같이 일할 것인지 아닌지 고민한다. 조직이 우수한 인재를 영입하고 계속 유지하고 싶다면 유인조건을 경쟁력 있게 갖춰야 한다. 마찬가지로 구성원들도 마음에 드는 조직에서 함께 동업할 생각이라면, 그 조직이 요구하는 공헌조건을 적극적으로 만족시키고, 조직이 자신을 원하게끔 핵심역량을 축적해야 한다.

이제 조직과 구성원의 관계는 기본적으로 '동업자적 거래관계'다. 거래의 핵심은 서로 만족할 수 있는 '가치교환'이다. 이것은 근로기준법 이전에 시장에서 공급자와 수요자 사이에 기본적으로 지켜야 할 '상도의'의 문제다. 그래서 조직도 구성원들을 종속적인 종업원으로 바라볼 것이 아니라 수평적인 동업자로 바라보고 처우하는 것이 바람직하다. 구성원들도 스스로를 피고용인 혹은 종업원이라는 수동적이고 의존적인 관점에서 벗어나야 한다. 직장을 나의 고객이라는 관점에서 바라보고, 팀장이나 임원을 고객의 대리인으로 여겨야 한다. 그러면 나는 서비스 공급자가 되고 어떻게 하면 고객을 만족시킬 것인지 고민하는 자세로 일할 수 있다.

2. 관리 지향적 종업원 관리가 아니라
동기 지향적 동업자 관리다.

기업에서 마케팅, 생산, 회계 등은 전통적으로 중요하게 여겨졌던 부문들이다. 그런데 최근에는 인사관리가 기업의 핵심전략 분야로 떠오르게 되었다. 구성원들이 얼마나 열정적, 자발적으로 일하느냐가 조직의 성과창출에 직결되고, 장기적으로 조직경쟁력을 좌우하는 요인임을 실감하게 된 것이다. 조직역량의 핵심인 인적자원, 즉 구성원에게 무엇보다 큰 영향을 미치는 평가, 연봉, 승진, 배치 등을 관리하는 업무가 바로 인사관리이다 보니 그 어느 때보다 중요해졌다.

실제로 요즘 인사관리 시스템은, 능력이나 근속년수 같은 요소 대신 개인의 직무수행 역량이나 개인의 성과공헌도를 중심으로 구성되는 추세다. 심지어 연공서열식 승진제도가 가장 뿌리 깊은 공공 분야에서도, 여러 단계를 한꺼번에 뛰어넘는 발탁승진 제도가 오래전부터 운영되었다.

인사관리 영역에서도 '전략'과 '동업'의 개념이 등장하면서, 기존의 개별적인 기능들에 전략적 채용, 전략적 개발, 전략적 보상과 같은 의미가 추가되고 있다. 인사전략 역시 전사적인 차원의 전략과 통합시켜 일관성 있게 운영하자는 것이다. 이러한 시대적 흐름에 따라 앞으로는 전사적인 차원에서 구성원을 종업원이 아닌 '동업자'로 간주하고, 조직의 성과목표와 인사제도를 전략적으로 연계시키며, 몰입을 유도하는 동업자 관리개념을 적용해야 한다. 개별적으로 운영하던 각각의 인사기능들이 갖는 한계를 인식하고, 채용·훈련·평가·보상 등 조직 내의 다양한 기능들을 서로 조화시키고 조정·통합하는 제도로서 인사관리의 역할이 재구성될 필요가 있다. 즉, 과거의 인사관리가 제도적·기능적 측면에서 채용·승진·평가·보상을 개별적으로 접근했다면, 앞으로는 제도를 적용시킬 '사람'을 먼저 생각하고, 개인에 따라 차별화된 미래지향적이고 통합적이며 전략적인 인사관리를 구현해야 한다는 의미다.

3. 우리 조직에 필요한 인재는
정확히 어떤 요건을 갖추어야 하는가?

인사관리 기능은 채용과 승진을 포함해 선발·경력개발·평가·보상·교육훈련 등으로 구성되어 있다. 채용은 직무를 수행할 유능한 인재를 선발하는 것이다. 선발에는 외부에서 유입되는 채용도 있지만, 더 많은 역할과 책임을 부가시키는 승진도 포함된다. 채용과 승진은 조직이 구성원에게 새로운 역할과 책임을 요구하는 과정이다. 이때 조직은 구성원이 발휘해야 할 '역량'을 가졌는지 판단하는 것이 중요하다.

따라서 선발과정에서 반드시 유념해야 할 점은, 대상자들에게 미래에 그들이 맡아야 할 역할이 무엇인지 분명하게 전달되도록 역할별 필요인재에 대한 기준을 규명하는 일이다. 조직마다 경영철학, 비전, 미션, 조직문화 등이 같을 수 없듯, 원하는 인재상도 다를 수밖에 없다. 업業의 특성을 고려하여, 우리 조직에 필요한 인재가 정확히 어떤 요건을 갖추어야 하는지, 조직의 성과에 어떤 부분을 기여해야 하는지 등을 명확하게 정의해놓는 것이 중요하다.

임원은 미래성과를 창출하기 위해 신성장 동력을 발굴하고 시장을 개척하며, 하위 조직의 구성원들이 성과를 달성할 수 있도록 전략적 성과코칭을 해야 한다. 팀장은 단기성과 달성을 통해 수익성을 제고해야 하며, 구성원은 전략적으로 실행과제를 수행해야 한다. 이처럼 직책에 따른 역할을 명확히 구분 지어야 한다. 그리고 직책별 역할의 조건이 명확하게 정해지고 나면 후보자들을 진단하여 승진시키고, 조직이 요구하는 역할을 수행하게끔 하는 것이 중요하다. 채용과 승진은 과거 지향적인 능력이 아니라 성과와 직결되는 역량 중심이어야 한다. 역량을 제대로 판단하고 공정하게 처우한다면 조직이 원하는 핵심인재들이 끊임없이 유입될 수 있다.

한편, 기존 구성원들에 대해서는 역할에 따라 차별화된 교육훈련이 필요하다. 경영진과 리더에게는 회사의 전체적인 관점에서 통합적·전략적 사고를 하고 추진할 수 있도록 역량을 개발시켜야 하고, 시니어 팀원은 지속적으로 성과를 창출할 수 있는 행동특성인 역량과 성과창출 고유의 프로세스를 체질화시키는 것이 가장 중요하다. 주니어 팀원은 업무 실행을 위한 기본적인 능력과 역량을 갖추고 스킬을 익히는 데 힘을 기울이는 것이 바람직하다.

4. '만인을 위한, 만인의 인사제도'는 없다.
성과와 역량에 따라 차별적으로 평가하고 보상하라.

상황이 이러한데도 대다수의 기업들은 여전히 연차가 올라가면 자연스럽게 연봉이 오르는 '호봉제'를 채택하고 있다. 성과관리의 중요성이 부각됨에 따라 '성과연봉제'를 선택하는 곳이 늘고 있지만, 이들 역시 호봉제의 틀에서 크게 벗어나지 못한다. 성과연봉제를 운영하고 있어도, 평가하고 보상할 때 능력과 근속년수를 비중 있게 반영하기 때문이다.

평가와 보상의 기준을 능력 중심에서 역량 중심으로 바꾸려면 제도적으로도 보완해나가야 한다. 기간별로 구성원이 창출한 성과와 발휘한 역량을 평가하고, 그 수준에 맞는 보상을 하는 것이다. 이런 방향으로 인사제도가 운영된다면 역량이 뛰어난 핵심인재들이 회사와 오래오래 동업할 생각을 갖고 기여하게 된다. '만인을 위한, 만인의 인사제도'는 이제 더 이상 의미 없다. 제대로 일하고 지속적으로 성과를 창출하는 사람이 차별적으로 좋은 대우를 받는 시스템으로 진화해야 한다.

그러기 위해서는 나이와 근속년수가 아닌 어떤 '역할'을 맡았고, 어떤 '역량'을 가졌는지에 따라 업무를 배분해야 한다. 그리고 그 일을 잘해낼 수 있는 업무여건을 만들어줘야 한다. 학력이나 경력 같은 능력사항은 기본적인 사항일 뿐이며, 조직이 지향하는 비전과 목표를 행동으로 옮길 수 있는 '역량'이 중요하다는 점을 다시 한 번 강조한다.

앞으로 창출할 성과와 역량 중심으로 보상한다면 개개인의 동기부여 측면에서도 큰 효과를 볼 수 있다. 철저하게 기준 중심으로 성과와 역량을 평가하고 총 보상 관점의 원칙을 지키되 기록경쟁을 유도할 수 있는 인사제도가 필요하다.

5. 인사 부서는 관리하고 통제하는 부서가 아니라
구성원들이 성과를 더 잘 내도록 지원하는 부서다.

경쟁이 심화되고 불확실한 경영환경 속에서 조직의 성장과 발전은 외부 환경뿐만 아니라 내부 조직과 인적자원의 역량이 매우 중요해졌다. 그런 점에서 인사관리의 중요성은 점점 더 높아지고 있다. 조직이 성장하는 데 필요한 동인에는 여러 가지가 있겠지만, 그중에서도 조직의 비전을 달성하고 전략을 실현하는 데 필요한 역량을 갖춘 우수한 인력을 확보하고 유지하는 것이 조직의 중요한 과업이며 인사 부서가 해야 할 일이다.

인사 부서는 구성원들을 관리와 통제의 대상이 아니라, 생산의 주체이자 수익의 원천으로 바라봐야 한다. 그리고 구성원이 어떻게 하면 더 즐겁게 일할 수 있는지, 어떻게 하면 그들의 가치를 높여줄 수 있는지를 고민해야 한다. 구성원들이 자신의 일을 즐거워하고, 그 일을 통해서 꾸준히 성장한다면, 회사와 함께 성장하고 있다는 믿음과 함께 열심히 일한 만큼 당당하게 보상받고 있다는 확신을 갖게 된다.

이전까지 인사 부서는 자원을 통제하고 감시하는 역할을 주로 수행해왔지만, 앞으로는 사업부서가 더 나은 성과를 창출해낼 수 있도록 지원하고 보좌하는 '역량계발 자원부서'로 거듭나야 한다. 영업, 생산, 연구개발 등 각 사업부서들이 성과를 창출하기 위해 집중하는 동안, 인사 부서는 한 발짝 뒤로 물러나 조직이 나아가야 할 모습을 중장기적 관점에서 조망하고 기획함으로써, 각각의 사업부들이 전략을 실행할 수 있도록 돕고 구성원들이 몰입할 수 있는 환경을 만들어주어야 한다.

6. '남의 집 얘기'는 참고만 하고, 우리 조직에 특화된 차별적 인적자원 경영을 하라.

인사제도를 수립할 때 대기업이나 글로벌 선진기업의 사례를 참고하게 마련이다. 이미 차별적인 인사제도를 운영하는 기업들을 벤치마킹하기도 한다. 그런데 이런 '남의 집 얘기'는 참고만 해야지 우리 조직의 상황을 고려하지 않고 무작정 도입해서는 안 된다. 이렇게 대책 없이 외부 사례를 도입하면 금방 실패로 끝나기 쉽고, 그러한 실패를 반복하다 보면 제도개선에 대한 경각심마저 사라진다. 산업이 다르고, CEO와 리더들이 다르고, 조직규모가 다르고, 구성원들이 다르다면 우리 조직에 맞는 인사 프로그램을 설계하고 운영하는 것이 현명하다. 대기업이나 외국 선진기업의 제도가 아무리 성공적이라고 해도 중견기업 혹은 한국 기업에서 성공하리라는 보장은 없기 때문이다.

인사관리는 채용부터 퇴직까지 구성원의 직장 내 생애주기를 관리하는 프로세스다. 구성원들이 입사해서 퇴직할 때까지 끊임없이 성장하고 역량을 발휘해 조직의 성과에 기여할 수 있도록 돕고, 조직은 인적자원을 어떻게 효율적으로 활용하여 역할과 책임을 부여할 것인가를 고민해, 적재적소에 인력을 배치하고 활용하는 총체적인 과정을 말한다.

일련의 프로세스에는 최고경영자의 인사철학, 기업문화, 업종, 역사, 인력 구성과 활용의 특성, 노사관계 등 조직과 관련된 여러 가지 요소들로 고려된다. 따라서 다른 업종, 다른 국가, 다른 철학을 가진 대기업이나 글로벌기업의 인사관리를 무리하게 따라할 필요는 없다. 조직은 구성원들을 사업파트너로서 어떠한 관계를 유지하고 함께 사업을 이어나갈 것인지를 고민해야 하고, 외부의 베스트 프렉티스에 우리 조직을 끼워 맞추기보다는 우리 조직만의 철학과 문화를 담은 인사관리 체제를 구축하는 것이 바람직하다. 단 잊지 말아야할 인사관리의 대원칙은, 역할과 책임에 따른 역량과 성과 중심의 운영이다.

8

조직의 본질은 역할과 책임이다.

조직운영의 근간은 업무분장과 호칭이 아니라

기간별, 직책별 역할과 책임져야 할 성과물이어야 한다.

조직관리의 비전은 수직적 상사부하 관계를 수평적 역할동료 관계로 전환하는 것이다.

조직

'수직적 계급조직'에서
'수평적 역할조직'으로

'호칭'을 없애면 우리 회사도 정말
수평적인 조직이 될까?

    모 대기업은 2000년 1월부터 직급 대신 이름에 '~님'만 붙여 부르는 제도를 도입했다. 그 후로 많은 기업들이 직급의 단계를 축소하거나, 존칭 없이 영어이름을 부르는 등 수평적 조직을 만들고자 다양한 시도를 해왔다. 구성원들이 위계의 압박감을 느끼거나 소통의 어려움을 겪지 않고 좀 더 자유롭게 일할 수 있게 하자는 노력이다. 그러나 그러한 제도들이 과연 다 성공적이었을까? 몇몇 기업은 새로운 제도를 폐기하고 곧 원래대로 돌아왔다고 한다. 당연한 얘기지만 '님' 자만 붙인다고 수평적인 조직이 되는 것은 아니다.

어쨌든 이런저런 노력에도 불구하고 조직 내에는 여전히 암묵적으로 계급이 존재한다. 우리나라에서는 일상생활에서도 어디서나 계층별 위계의 형태를 흔히 접할 수 있다. 회의 때 누가 어디에 앉는지, 누가 먼저 발언하는지만 봐도 서열을 알 수 있다. 그리고 일일이 의사결정의 허락을 받아야만 하는 결재, 품의제도, 직무범위와 예산범위를 제한하는 위임전결 규정에서도 여전히 수직적 서열이 존재한다.

조직은 다양한 구성원들과 이해관계자들이 모여 있으므로 공식적인 운영기준은 반드시 필요하다. 사원·대리·과장·차장·부장 등과 같은 직위가 정해져 있고, 사장·본부장·사업부장·공장장·연구소장·지점장·팀장·그룹장·파트장·팀원 등을 가리키는 직책이 있다. 1급·2급·3급·4급·5급 등의 직급과 생산 업무·영업 업무·연구개발 업무·지원 업무 등의 직무도 있다. 이처럼 직위·직책·직급·직무 모두가 구성원의 조직 내 위치와 역할을 확인시켜주는 기준이다. 그런데 문제는 이러한 운영기준이 누가 누구 위에 있고, 누가 누구보다 더 중요한 일을 하는 사람이라는 위계적·권력지향적 조직문화를 조장한다는 것이다. 이러한 조직문화는 현업에서 이뤄지는 조직관리에도 반영되어, 윗사람을 위해 구성원이 무시되거나 소수를 위해 다수가 무조건적으로 희생해야 하는 집단적 사고를 하게 된다. 연공서열과 근속년수를 중시하는 조직일수록 현장의 의사결정을 믿지 않고 모든 결정권을 본사 혹은 상사가 틀어쥐고 비밀스럽게 결정하는 방식으로 운영된다.

예전에는 학력이나 경력년수와 같은 연공서열 요소로 회사 내에서 계급이 높아졌다. 하지만 요즘은 직위나 직책이 높아진다는 것이 연공서열과 직접적인 연관이 없다. 각자 능력과 역량에 따라 역할과 책임을 수행해 나가는 구조로 바뀌고 있기 때문이다. 사원에서 대리가 되고 차장에서 부장이 되는 것을, 과거처럼 눈에 보이는 계층구조, 즉 위아래의 개념으로 비교해서는 안 된다. 조직에서 요구하는 역할과 책임이 달라지고, 발휘해야 할 역량이 달라진다는 것으로 받아들여야 한다.

하지만 아직도 여전히 많은 조직에서 직위승진에 목을 매는 사람이 많다. 이는 높은 사람이 되겠다거나 출세하고 싶다는 생각보다는 승진하지 않으면 연봉이 오르지 않기 때문이다. 그래서 직위승진과 임금보상을 곧바로 연계하기보다 역량과 성과에 임금을 연동시켜야 한다. 그러면 이 문제가 해결될 수 있을 것이다.

수직적 계층조직은 이제 더 이상
성과를 창출할 수가 없다

**고객접점의 실무자가 발 빠르게 대응하지 않으면
의사결정의 헤게모니를 쥔 고객은 금세 떠난다.**

과거 대부분의 의사결정은 위계의 상징인 계급에 의해 수직적으로 처리되었다. 의사결정과 권한의 최고 정점에 있는 경영진을 주축으로 지휘관 역할을 하는 팀장, 그리고 팀장이 시키는 대로 열심히 하기만 하면 되는 구성원들로 조직은 이루어졌다. 윗사람은 상사고 구성원들은 부하라고 여기는 계급적 의식이 전제되었던 이유는, 생산자 중심으로 고도성장하는 환경에서는 상사의 경험과 지식이 조직의 핵심경쟁력이었기 때문이다. 일을 기획하고 실행하는 과정에서 윗사람의 지식과 경험적 의견이 중요했고, 윗사람의 결정이 곧 업무의 기준이 되었다. 구성원들의 창의적인 의견이나 자율성보다는 전적으로 상사에게 의존할 수밖에 없는 구조였다. 그래서 정해진 절차에 따라 과업을 이행하는 노동력을 중시했고, 결정된 사안에 대해 정해진 매뉴얼대로 실행만 잘하면 되는 상명하복의 계층적 조직구조가 적합했다.

하지만 경영환경과 시장환경이 급변하고, 이해관계자들과의 관계는 매우 복잡해졌으며 업무환경 역시 정신없이 변화하고 있다. 그러한 변화의 중심엔 고객과 고도화된 시스템이 있다. 의사결정의 헤게모니를 고객이 쥐고 있다는 것이다. 이제는 고객에 대한 정보가 없으면 그 어떤 의사결정도 할 수 없기 때문에 실무자가 가진 고객정보가 매우 중요하다. 즉, 고객을 누구보다 잘 파악하는 것이 조직의 경쟁력이기에, 상사의 지시와 명령이 하달될 때까지 기다릴 게 아니라 고객의 니즈와 원츠를 정확히 파악하고 있는 실무자들의 의견과 발 빠른 대처가 중요해진 것이다.

또한 조직에는 점점 다양한 문화적 경험을 한 사람들이 모이고 있다. 이들은 소비자이면서 동시에 생산자 입장의 구성원이기 때문에 이들이 어떤 생각을 하는지 제대로 들어보고 그 안에서 답을 찾아야 한다.

그래서 더 이상 '수직적 계층관리 마인드'로는 조직을 리드하기 어려운 상황이 됐다. 최고경영자나 소수의 관리자들이 내린 의사결정에만 의존하기에는 현장의 변화속도와 정확성을 담보하기 어려워진 것이 사실이다. 무엇보다도 고객들의 높아진 니즈와 원츠를 충족시키기 위해서는 제품과 서비스를 제공하는 현장접점의 구성원들이 자기주도적으로 역할을 해야 한다.

상명하복, 상하관계의 벽을 허물어야
민첩하고 유연한 조직으로 거듭난다.

구성원이 하는 업무수행의 모든 과정을 상사가 일일이 지시·통제·관리하는 중앙집권적 조직운영이 더 이상 적합하지도 가능하지도 않아졌다. 기존의 상사 중심, 본사 중심의 경직된 조직으로는 더 이상 고객성과를 창출할 수 없다. 조직에서 최상위 계층의 경험과 의견에만 집중할 것이 아니라, 고객의 니즈와 원츠를 정확하게 알고 현실적으로 대처할 수 있는 고객접점의 구성원들의 생각과 역량, 독립성을 인정해줄 수 있어야 한다. 그러기 위해서는 철저히 고객접점의 구성원 중심으로 조직을 운영해야 하는데, 그중 하나가 최근 국내 기업에서 주목하는 애자일agile 조직이라 할 수 있다.

'애자일'이란 '민첩성'이라는 뜻인데, 정형화된 프로세스와 도구, 방법 등에 국한되지 않고 변화와 민첩하게 대응하는 것을 중시하는 가치와 철학을 가리킨다. 그래서 팀, 본부, 실 등 상명하복식 부서 단위에서 상하관계의 벽을 허물고 수평적인 팀으로 조직화하는 것인데, 부서 간 그리고 위아래의 구분이 없기 때문에 단위 조직에 자율성과 업무수행방식에 대한 모든 권한을 부여함으로써 변화에 민첩하고 유연하게 대응할 수 있는 것이 특징이다.

예전처럼 임원이나 팀장이 피라미드의 정점에 서서 고참 사원, 신참사원 등 수직적인 계급서열로 업무를 지시하고 검사하고 보고받아서는 안 된다. 그러한 구시대적 조직문화는 이제 더 이상 성과 중심의 조직과 맞지 않는다. 다양성이 중시되고 소비자의 요구가 매우 까다로워진 시장에서 각자가 가진 다른 경험과 지식을 융합해 새로운 것을 만들지 않으면 그 어떤 조직도 살아남을 수가 없다.

지금은 개인이 사회, 조직, 팀의 구성원으로서 각자에게 맞는 고유한 역할을 부여받았고, 원하는 결과물에 대해 자기완결적으로 책임지고 완수해야 한다. 또한 팀워크가 그 어느 때보다 중요해졌다. 따라서 업무수행 과정에서 구성원들이 전략적으로 문제를 해결할 수 있도록 의사결정권한을 부여해주고 실행과정을 믿고 맡김으로써 그들의 역할을 존중하고 실행자의 주체적인 책임을 지원해줘야 한다. 검증과정을 거쳐 채용된 구성원 모두는 하나의 성과목표를 달성하는 데 반드시 필요한 인력으로서 존중받아야 하고, 개인은 스스로 성장하고 성과를 낼 의무를 가진다.

윗사람이 일일이 통제하는 조직에서는
자기완결적으로 일하는 성과경영자가 성장할 수 없다.

지금까지 많은 조직은 임원 중심의 탑다운top-down 방식으로 운영되었다. 상위 조직으로부터 성과목표가 캐스케이딩되어 내려오면 그 목표를 디바이딩dividing하는 개념이어서, 모든 권한이 임원에게 집중될 수밖에 없는 구조다. 심지어 그 임원이 팀장이었던 시절에 '현업 중심으로 권한을 위임해야 한다.'고 주장했었다 하더라도, 자신이 임원이 되면 기존 임원들과 똑같이 권한이 자신에게 집중되길 원하고, 또 그 권한을 사적인 목적으로 사용하기도 한다.

그러한 답답한 틀 안에서 실무를 처리해야 하는 입장이 되면, 머리로는 알지만 행동으로 옮기기가 쉽지 않다. 최고경영층이 의사결정 과정의 디테일한 부분까지 일일이 개입하는 일이 당연시되면, 경영진은 실무자들에게 불필요한 의사결정자 대우를 받게 된다. 현장감각을 잃어버린 그들은 경험과 선입견으로 일을 처리하는데, 그것이 틀린 결정이어도 실무자들은 따를 수밖에 없다. 안타까운 현실을 감내해야만 한다는 사실이 한 번 더 깊은 좌절감을 준다.

리더 입장에서는 아랫사람을 이끌어가야 할 책임이 있고, 산전수전 안 겪은 일이 없고, 일이 잘못되면 책임은 오롯이 자신들이 져야 하기 때문에 작은 것 하나라도 그냥 지나치지 않고 컨트롤 할 수밖에 없다고 주장한다. 그렇기 때문에 구성원들이 일거수일투족 제대로 하고 있는지 너무나 궁금하고, 실무자들이 좀 더 자주 자세히 보고해주었으면 좋겠고, 그들이 실수하지 않게끔 시기적절하게 조언이나 지시를 하고 싶다.

하지만 리더가 가진 파워로 구성원들을 통제하지 않으려면, 실무자가 시키면 시키는 대로 하는 용역직원이 아니라 독립적 역할과 주체적 책임이 명확한 '성과경영자performance manager'라는 인식이 필요하다. 성과경영자는 직업적 가치철학을 가지고 주체적으로 인생을 살아가는 사람이다. 미션과 비전과 목표가 분명하며, 역할과 책임에 대한 인식이 명확하고, 자신의 능력과 역량을 기간별로 개발하여 지속적으로 성장하고 발전하고 진화할 수 있도록 실천적으로 노력한다.

　　정상적인 사람이라면 누구나 인정받고 존중받길 원한다. 조직 구성원에게도 타인의 통제 없이 스스로를 경영해나갈 수 있음을 인정하고 존중해줄 필요가 있다. 고객접점의 실무자들이 델리게이션을 통해 자신이 하는 일에 대해 인정과 존중을 받으면, 이것이 고스란히 고객감동으로 이어진다.

　　구성원 개인의 활동 하나하나를 정해진 지침에 맞는지 리더들이 모니터링하고 감독하던 통제방식에서 벗어나야 한다. 지금은 자율성을 바탕으로 구성원의 몰입 수준을 높이고 업무에 대한 동기부여를 통해 보다 높은 성과를 올리도록 하는 몰입의 방식이 중요해졌다. 실무자들은 안 되는 것도 무조건 되게 하는 슈퍼맨이 아니다. 능력과 역량에 걸맞은 역할과 책임이 주어지면 그것을 기준으로 삼아 과학적·객관적으로, 현장에서 고객지향적으로 일하는 사람이다. 그러므로 앞으로는 실무자에게 일을 지시하거나 시킬 때 계급논리가 아닌 실무적 역할논리로 접근해야 한다.

DEEP INNOVATION

수직적 위계조직을
수평적 역할조직으로 바꾸는 법

1. 팀장 중심의 '조직관리'에서
태스크 매니저 중심의 '과제관리'로 혁신하라.

팀장은 팀의 연간 성과관리·사람관리·역량관리·문화관리 중심으로 역할을 수행하고, 태스크 매니저task manager는 과제·목표관리 중심으로 역할분담한다. 팀장은 성과지표 중심의 대시보드를 통해 팀의 업무수행을 전반적으로 관리한다.

수직적 조직에서는 의사결정권한이 윗사람에게 몰려 있기 때문에 실행방법이나 현장에 관련된 구체적인 일들을 아래에서 위로 품의하고 절차에 따라 결재를 받은 후에야 업무를 실행할 수 있다. 그러나 조직이 직면하는 모든 문제의 답은 현장에 있기 때문에, 조직운영을 철저히 고객접점의 실무자 중심으로 꾸려나간다는 원칙을 세우는 것이 중요하다. 최상위 계층의 업무지시를 기다리기보다는, 고객들을 매일 만나는 실무자들이 정확한 현장정보를 취합하고 분석해 그것을 우선적으로 고려해 의사결정해야 한다. 현장에서 취합한 객관적인 정보야말로 성과를 내기 위한 최적의 전략을 수립할 수 있는 가장 좋은 재료다. 구성원들이 신속하게 그리고 주체적으로 일하려면 자신의 역할과 책임을 사전에 기간별로 명확히 아는 것이 선행되어야 하고, 그 후에는 리더가 실행을 통제하거나 간섭하지 말아야 한다.

실무자가 문제의 본질을 파악하고 해결해내려면 업무실행 방법에 대한 어느 정도는 의사결정권이 보장되어 있어야 한다. 하지만 아직 업무수행 역량이 부족해 의사결정권한을 위임하기 어렵다면, 조직 구조를 파격적으로 리모델링해보는 것도 하나의 방법이다. 직급이 낮은 신입사원이 아닌 경험이 풍부한 시니어 구성원들을 고객접점에 배치하는 것이다. 또한 역량을 키워주려면 역량단계별 역할을 감안해서 철저히 현장적응식 프로그램과 과제해결형 프로그램으로 코칭해야 한다.

2. '계급과 인원' 중심의 단순반복이 아닌
'역할과 책임' 중심의 자발적 몰입도를 높여라.

직무를 계급, 인원과 같은 투입 중심으로 편성하고 분류하는 것은 기능 위주로 된 수직적 조직의 전형적인 운영방법이다. 계급이 높은 직책자에게 많은 의사결정권을 부여하고 구성원에게는 단순업무를 분장함으로써, 구성원들은 단순반복과 실행 위주의 일에만 길들여진다. 이러한 방식은 구성원은 상사가 시키는 대로만 일하고, 성과에 대한 책임은 모두 상사가 지게 만든다.

조직이 원하는 성과를 달성해내려면 원하는 결과물을 최적의 소요시간과 예산범위 내에서 목표한 품질기준에 맞게 완성해내야 한다. 그러기 위해서 조직을 어떻게 운영할지, 구성원들의 잠재역량을 어떻게 끌어낼지, 어떻게 하면 더 높은 성과를 낼지 고민해야 한다. 조직과 성과를 전략적으로 관리해야 하는 문제가 핵심이다. 각자가 맡고 있는 직무를 스스로 챙기고 자발적으로 업무에 몰입해서 성과목표를 달성해내도록 조직을 재편성해야 한다.

이때 핵심은 일을 실행하기에 앞서 각자의 '역할'이 무엇이며, 누가 무엇을 '책임'지고 완수해 낼 것인가다. 역할과 책임을 기간별로 명확히 밝혀주는 것이다. 지금까지는 조직도와 업무분장으로 조직 내 개인과 부서의 입지와 권력을 구분했다. 하지만 앞으로는 각자 이행해야 하는 역할과 책임이 다름을 구분해서 보여주어야 한다. 개인에게는 요구되는 역할이 있고 그 역할에 따라 책임지고 달성해야 할 목표가 있다. 이러한 역할과 목표를 바탕으로 스스로의 행동을 결정할 수 있어야, 실무자는 누군가에게 명령받는다는 느낌이 들지 않고 자신의 업무에 애정을 가지고 몰입할 수 있다.

3. 무의미한 '조직도'나 '업무분장' 대신
'기간별 역할' 중심의 수평적 역할조직으로 탈바꿈하라.

대부분의 조직에서는 본부, 팀, 팀원별로 '업무분장'이라는 것을 한다. 말 그대로 업무를 나눈다는 뜻으로 '직무할당'이라고도 불린다. 실제로는 권한을 누가 더 많이 가져가느냐의 문제, 자신의 업무가 어디서부터 어디까지인지 모호하다는 문제, 분장된 업무 이외의 것이 수시로 추가되는 문제 등으로 업무분장 자체가 무의미하다는 지적들이 많다.

업무분장은 조직을 관리하기 위한 하나의 툴일 뿐이다. 조직의 인력과 그 외의 자원들을 효과적으로 사용하고 관리하기 위해서 가장 중요한 핵심은, 각자가 자신의 '기간별 역할'을 명확히 인지하고, 그 기간 내에 책임져야 할 결과물을 도출해내도록 권한을 가지고 스스로 의사결정해야 한다는 것이다. 즉, 업무가 아니라 역할을 정해주는 것부터 시작해야 한다. 역할을 정의하는 범위는 연간·반기·분기·월간·주간과 같이 '기간별 역할'이라는 의미가 더해져야, 수평적인 역할조직으로 운영될 수 있다.

기간별 역할이 명확해지면 그만큼 기간별 목표가 명확해진다. 자신이 무엇을, 어떻게 해야 할지의 실행방법과 절차에 대한 의사결정과 행동이 수월해지기 때문이다. 1년 동안의 역할을 정하고 목표와 행동을 결정하는 것은 어려울 수 있으나, 1주일 이내에 반드시 해야 할 일과 필요한 행동을 결정하는 것은 비교적 쉽다.

수평적 역할조직은 상사의 지시에 의해 통제받지 않는다. 각자가 창의적이고 혁신적인 발상으로 업무과정을 스스로 통제할 수 있다. 실무자의 결정과 행동에 대해서는 협의된 범위 안에서 자율권을 주되 일정 기간이 지나면 그 결정과 행동에 대한 책임을 검증하는 과정도 수반된다. 그런 과정을 거치면 기간별로 자신이 해야 할 역할을 더욱 명확하게 알 수 있고, 그 역할을 수행하기 위해 필요한 역량과 자원을 파악할 수 있으며, 결과적으로 부족했던 부분을 확인하여 보완할 수도 있다.

9

결과와 성과는 다르다.

성과는 목표한 대로 일을 끝냈을 때 붙이는 이름이다.

약속한 일정 내에 일을 끝내는 것은 기본이다.

중요한 것은 결과물의 품질이다.

업무 일정관리가 아니라 업무 품질관리가 핵심이다.

업무

KPI 중심의 '실적관리' 방식에서
성과목표와 전략 중심의
'성과관리' 방식으로

업무의 성과를 관리하는 것이
그렇게 나쁘기만 한 것일까?

　시장경쟁이 극심해지고 조직의 성장세가 둔화되면서 많은 경영자와 리더들이 성과 중심으로 일하는 방식, 성과관리 방식이 중요하다는 인식이 확산되고 있다. 가만히 있다가는 남보다 뒤쳐질 것 같은 불안감에 각종 경영혁신 기법들을 도입한다고 아우성인데, 성과 중심으로 일하는 방식 역시 근본적인 이해 없이 형식만 빌려다 쓴다는 점이 문제다.

　그중 하나가 성과연봉제와 균형성과표BSC다. 대부분의 사람들은 '성과관리'를 성과평가와 성과급주의, 성과지표KPI 중심의 형식적 성과지표관리라고 생각한다. 그러다 보니 환경은 갖춰주지 않고 무조건 성과만 평가한다거나, 실제로는 성과가 아닌 결과인데 그것을 가지고 차등보상을 밀어붙인다는 인상도 강하다. '성과관리'에 대한 부정적인 선입견과 불신, 불만이 팽배해질 수밖에 없다.

　성과급 측면에서 구성원들은 다른 사람보다 낮은 평가나 부정적인 피드백을 받지는 않을까 걱정하거나, 회사가 자신이 만들어낸 결과물에서 약점을 잡아 승진이나 연봉협상 때 불이익을 주려는 것 아닌가 하고 의심하기도 한다. 성과지표관리가 형식적으로 이루어지는 경우에는 측정하기 어렵거나 정성적인 업무가 많다는 이유로 업무특성이 무시된 채 일괄적인 지표기준에 따라 평가해버리기 때문에 평가와 보상 자체가 공정하지 않다고 생각한다. 또한 현실적인 업무실행 내용과는 별개로, 형식적이고 추가적인 양식이나 문서를 작성하고 제출해야 하는 업무부담 등이 성과관리에 대한 강한 거부감과 저항감을 키웠다. 특히, 성과급과 성과지표관리가 성과관리의 전부라고 치부하면서 우리나라의 기업문화에서는 성과 중심으로 일하는 방식, 성과관리 방식이 적합하지 않다고 많은 사람들이 생각하게 되었다.

　문제는 구성원들의 이러한 우려만이 아니다. 지금껏 성

과관리 방식으로 제도를 운영해왔다고 해도 실제로는 연공서열에 적당히 수치 목표관리와 차등성과급을 혼용한 형태일 뿐이었다. 이는 예전의 조직운용 방식과 별로 다를 바가 없고 정확하게 구별되지 않는다. 기업이나 공공기관에서 운영하는 성과관리를 살펴보면 제도 설계 자체에만 신경 쓰지, 이것이 실제 일하는 방식으로 확산되는 경우는 거의 찾아볼 수 없을 지경이다.

성과관리는 성과지표관리나 성과평가 결과에 의한 성과급주의가 핵심이 아니다. 조직과 개인이 일정 기간 동안에 정해진 역할과 책임을 명확하게 설정해, 일하기 전에 성과목표로 명시하고, 이를 달성하기 위한 전략적 액션플랜과 예상 장애요인에 대한 대응방안을 고민하고 실천하는 것이 중요하다. 따라서 여기서 말하는 진정한 성과관리는 제도 자체의 운영보다는 모든 구성원들이 생각하고, 일하고, 행동하는 방식과 과정에 미래와 목적 중심, 결과물 중심, 권한위임 중심, 자율책임 경영방식을 도입해 실천하자는 데 의미가 있다.

일을 하는 사람이라면
누구에게나 책임져야 할 성과물이 있다

　'책임responsibility'이란 '일을 해서 창출해야 할 성과'란 뜻이다. 책임責任은 부여받은 역할을 제대로 수행했는지 보여주는 결과물로 완수했는지 여부를 해석해볼 수 있다. 아무리 제역할을 다했다 한들 결과로 나타난 것이 없으면 책임을 져야한다. 사람들은 보통 일이 잘못되었을 때 사직서나 시말서를 쓰는 것을 책임지는 행동이라고 생각하지만, 조직에서는 기간별로 달성해야 할 목표가 책임이고 그 목표를 달성하지 못했을 때 결과에 대한 처우를 수용하는 것이 책임지는 것이다.

　대부분의 사람들은 자신이 무슨 일을 하는지는 알지만,

그 일을 통해 책임져야 할 것이 무엇인지는 잘 모른다. 일이 끝날 때까지 책임져야 할 것이 무엇인지 몰라 막연하고 추상적으로만 생각하다 보니 책임져야 할 것과 책임지기 위한 행동이 서로 인과적으로 잘 맞지 않는다. "모든 것을 책임지겠다.", "책임지는 자세로 일하겠다.". "결과에 대해 책임지겠다."라는 말들은 대개 책임을 지기 위한 구체적인 행동보다는 각오와 마음상태를 표현하는 말들이다. 어떤 일을 할 때 "내가 책임져야 할 것이 구체적으로 무엇인지는 잘 모르지만 나를 믿고 진행과정을 맡겨달라."고 하는 것과 같다.

우리가 직장에서 책임져야 할 것은 성과다. 어떤 일을 해서 내놔야 할 결과물, 이루고자 하는 결과물, 원하는 결과물이 곧 책임의 대상이다. 책임져야 할 것이 구체적으로 정해져야 책임지기 위해 해야 할 행동이 무엇인지 결정된다. 따라서 책임감 있는 사람이 되려면, 성과창출에 결정적인 영향을 미치는 목표, 환경, 역량의 상태와 관계를 잘 알고 전략적 액션을 실천해야 한다. 리더로부터, 동료로부터, 구성원들로부터 신뢰받고 싶다면 내가 책임져야 할 것이 무엇인지 잘 알고, 나에게 주어진 역할을 잘 수행해야 한다. 책임 있는 행동을 하기 위해서 갖추어야 할 역량과 능력을 점검하고 보완하며 그에 걸맞게 행동해야 한다.

'일하는 것'과 '성과를 내는 것'은 다르다.

성과 나게 일한다는 것은 일을 하기 전에 원하는 성과물을 사전에 구체화하고, 원하는 성과물을 창출하기 위해 전략적으로 일한다는 것이다.

일을 할 줄 안다는 것과 일을 해서 성과를 창출할 수 있다는 것은 엄연히 다른 문제다. 일을 한다는 것은 그 일의 내용과 규정, 처리절차를 익힌 후 그에 맞게 실행하는 것이다. 하지만 일을 해서 성과를 창출한다는 것은, 일의 내용과 관련 규정, 절차는 기본이고 일을 끝내고 났을 때 달성하고자 하는 목표를 구체적으로 설정할 줄 알아야 하고, 목표를 달성하기 위해 전략과 실행방법을 수립하고 실행으로 옮긴다는 것을 의미한다.

일에 대한 경험과 지식을 가지고 규정과 절차에 따라 열심히 일한다고 해서 반드시 원하는 성과가 창출되는 것은 아니다. 경험·지식·규정·절차는 내부적인 역량의 문제이지만 원하는 결과물을 얻는 데는 외부환경이 큰 영향을 미친다.

그래서 성과를 창출하기 위해서는 다음의 3가지를 해야 한다. 첫째, 원하는 결과물을 구체화해 '상태적 목표objective'로 설정한다. 둘째, 목표달성에 긍정적인 영향을 미칠 수 있는 핵심 성공요인을 도출한다. 셋째, 부정적인 영향을 미칠 수 있는 예상 장애요인을 도출하고 타깃화해 공략방법과 대응방안을 수립하고 실행한다.

그냥 열심히 일한 결과물은 '실적'이고,
목표를 설정하고 달성한 결과물은 '성과'이다.

성과는 미래목표를 달성한 결과물인 동시에, 역할수행을 통해 책임져야 할 결과물이 이루어진 상태다. 미래목표를 달성하려면 어떻게 해야 할까? 우선 그 목표와 인과관계가 있는 현재의 전략이 선행되어야 하고, 돌발적으로 발생할 수 있는 예상 장애요인에 대한 대응방안도 전략적으로 준비해야 한다. 따라서 '성과 나게 일한다.'는 것은, 사전에 의도했던 목표가 객관적으로 정해져 있고, 그 목표를 이루기 위해 전략적으로 업무를 수행해 원하는 성과를 기필코 달성해낸다는 것을 의미한다.

다만, 일하기 전에 달성해야 할 목표를 수치화시키는 등 객관적인 형태로 정하고, 일을 끝낸 후에 그 목표수치를 기준으로 평가하고 처우한다고 해서 모두 성과관리라고 부를 수는 없다. 성과관리란, 일을 시작하기 전에 설정한 목표, 즉 원하는 결과물을 달성하기 위한 기획적이고 계획적인 활동이다. 또한 실행과정에 대해 권한위임이 이루어져 실무자에게 주체적인 자율성을 보장해주고, 그는 자기완결적으로 업무를 완수할 때 비로소 '성과관리'라는 이름을 붙일 수 있다. 만약 원하는 결과물에 대한 고민 없이 일만 죽어라 열심히 했다면, 이는 '실적 챙기기'에만 매몰되어 일해왔다고 볼 수 있다. 실적이란 '수치목표를 달성하기 위한 것이든, 해야 할 과제를 실행하기 위한 것이든, 정해진 기간 내에 노력한 행위의 결과물'로, 자신이 특별히 신경 써서 만든 결과물이긴 하지만 기대하는 목표와 반드시 연관 있는 것은 아니다.

성과를 반복적으로 창출하지 못하는 조직이나 개인들을 분석해보면 성과에 대한 개념이나 마인드, 당위성과 필요성에 대한 부분을 상대적으로 소홀히 생각한다. 대부분의 기업과 기관, 그리고 사람들이 실적관리를 성과관리로 오해하고 있으며, 심지어는 같은 메커니즘이라 생각하고 일한다는 것이 가장 큰 문제다.

성과에 대한 개념과 원리를 제대로 알지 못하면, 업무지시를 명확하게 할 수도 없고, 실무자는 어떤 일을 어떻게 해야 할지 몰라 헤맨다. 우리가 성과관리를 하려는 목적 중 하나는 자신이 원하는 결과물을 일을 시작하기 전에 구체적으로 정리해서 리더 또는 실무자와 명확하게 의사소통하기 위함이다. 성과의 개념을 모르면 업무지시를 불명확하게 해서 실무자를 혼란에 빠뜨리고 결국엔 일을 그르치게 된다.

처음부터 일의 의도나 배경을 이야기하지 않고, 중간에 일의 내용을 시시때때로 바꾸면서도 변경해야 하는 이유조차 설명해주지 않는 리더들이 의외로 많다. 이러면 실무자들은 일의 배경과 취지를 모르기 때문에 리더가 무엇을 원하는지 점치듯 때려 맞혀야 하는 곤란한 상황에 처한다.

또한, 성과의 개념을 제대로 이해하지 못하면, 진행되는 모든 일이 성과로 연결되어야 한다는 인과관계를 이해하지 못한다. 조직이 궁극적으로 달성해야 할 성과가 있음에도 불구하고 주먹구구식으로 현재 눈앞에 당면한 일을 처리하느라 성과목표가 뒷전이 되기 일쑤다. 그렇기 때문에 캐스케이딩을 하더라도 본부별, 팀별 목표배분이 단순한 숫자 나누기가 되고, 중장기적 비전이나 목표보다는 단기 실적에만 연연한다. 중장기적인 전략이나 기획적인 사안의 중요성을 간과하거나, 구성원의 역량향상을 위한 교육훈련 비용을 절감하거나, 평가결과가 아닌 연차에 따라 승진시키거나 등등, 장기적인 관점이 아닌 단기적인 문제해결에 열을 올린다.

'시키는 일'이 없어져야
조직에 미래가 있다

업무관리 방식은 성과를 중심으로 일하는 '성과관리 방식'과 실적 중심으로 일하는 '실적관리 방식'으로 구분된다. 실적관리 방식은 일을 시작하기 전에 해야 할 일과 추진일정을 계획하고, 일을 실행해 나가면서 과제에 대한 구체적인 실행계획과 결과물이 되어야 할 모습을 점차적으로 그려 나간다. 그리고 일이 끝나고 난 후에 원하는 대로 결과를 냈는지 리뷰한다. 실적관리 방식은 일단 일을 하고 나서 사후에 결과를 가지고 제대로 일했는지 가치를 논하는 사후대응事後對應 방식으로, 실적관리의 대상은 '누적수치'와 '한 일'이다. 얼마나 열심히 일했는지 판단하기 위해 누적된 결과수치로 평가하는 것이다.

즉, 실적관리 방식은 열심히 일하고 나서 그 과정과 노력에 의미부여를 한다. 설령 결과가 예상과 다를지라도 일하는 과정에서 한눈팔지 않고 열심히, 최선을 다했다면, 일을 해낼 역량이 다소 부족하더라도 훌륭히 수행했다고 여긴다.

반면 성과관리 방식은 사전에 원하는 성과목표와 달성전략, 실행방법을 기획하고 계획하여 정해진 시간 내에 한정된 자원을 투입해 원하는 성과를 창출하는 데 우선순위를 둔다. 그에 맞게 자원을 선택·집중·배분하여 반드시 원하는 성과를 창출해내는 전략적 자원배분 방식을 말한다. 성과관리는 원하는 성과를 창출하기 위해 어느 정도 완벽하게 시나리오가 작성된 조건에서 일하는 사전준비 방식으로, 예상되는 리스크를 사전에 예방한다는 관점에서 사전예방 방식이라고도 한다. 성과관리의 대상은 '성과목표'와 '전략', '리스크 대응방안'과 '인과적인 할 일'이다. 얼마나 제대로 일할 것인지 미리 기획·계획하고 대비하는 방식이다.

성과관리 방식으로 일하는 단계를 살펴보면 대략 이렇다. 먼저 일을 하기 전에 연간 단위나 분기 단위의 기간별 성과목표를 설정하고, 기간별 성과목표를 달성하기 위한 선행전략과제를 명확하게 규명한다. 그리고 그 과제를 수행함으로써 얻고자 하는 목표를 구체적이고 객관적인 형태로 설정한다.

기간별 성과목표와 상관없이 진행되어야 하는 과제의 경우 수행해야 할 과제를 명확하게 설정하는 것부터 시작하여 과제수행을 통해 얻고자 하는 목표를 객관적으로 설정한다. 그리고 원하는 성과목표를 달성하기 위한 전략과 방법을 수립하고 리스크 예상요인에 대한 대응방안을 수립한다. 실행단계에서는 끊임없이 계획한 것과 실행해야 할 과제를 비교하여 현장상황에 맞게 유연하게 적용하여 사전에 목표한 것을 반드시 달성하도록 매니지먼트한다.

의사결정권을 주고
합리적·자율적으로 전략을 실행하게 하라.

일을 하거나, 제품을 만들어 상품화했을 때 수요자가 만족하지 않으면 그 결과물은 의미 없다. 성과목표의 판단기준, 즉 결과물의 수준은 상품을 구매하는 사람, 일의 결과물을 수용하는 리더, 일을 부탁한 사람 등 그 일에 대한 소비자가 기준이 되기 때문이다. 고객과 충분히 사전에 협의하여 성과목표를 명확하게 설정하지 않으면, 고객이 아니라 공급자인 자기 기준으로 일하게 된다.

내가 다른 사람보다 더 열심히 일했다고 자랑할 필요는 없다. 단지 '내 기준'대로 일했을 뿐이기 때문이다. 제대로 일했다는 말은 '룰rule을 지키면서 원하는 결과물인 성과를 창출했다.'는 것을 의미한다. 고객들이 요구하는 니즈와 원츠를 신속하게 파악하고, 이를 성과목표에 반영할 수 있는 의사결정권한을 실무 구성원들에게 부여함으로써 그들이 합리적·자율적으로 전략을 실행할 수 있도록 하는 것이 성과관리 방식의 목적이기도 하다.

성과창출에 결정적인 과제에
한정된 자원을 우선적으로 배분하라.

시간·인력·예산과 같은 자원은 항상 한정적이다. 사람들은 한정된 자원을 가지고 서로 다른 결과물을 만들어내는데, 어떤 타깃부터 공략할 것인지 대상을 정해놓고 자원투입에 대한 우선순위를 미리 정해놓는 사람은 같은 자원으로도 더 좋은 품질의 결과물을 빠른 시간 내에 만들 수 있다. 한정된 자원을 성과 나는 일에 우선배분하려면 성과목표를 구성하고 있는 세부 구성목표를 쭉 나열해놓고 각각의 세부 구성목표별로 달성하기 위한 실행방법을 수립하고 필요한 자원이 무엇인지 알고 있어야 한다. 같은 자원이 필요한 세부목표나 타깃이 2개 이상이라면 서로 비교해가면서 어떤 타깃이 성과목표에 가장 큰 영향을 미칠지 고민해서 자원배분의 우선순위를 정해야 한다. 성과관리는 한정된 자원을 가지고 성과를 내기 위한 과제에 우선적으로, 전략적으로 배분하는 경영활동이다. 이것이 성과관리를 전략적 자원관리Strategic Resources Management라고 하는 이유다.

성과 중심으로 일하면
일을 하면서 성장할 수 있다.

성과관리는 실행하는 사람의 사고와 역량을 성장시킨다. 일상적인 일을 할 때도 성과 중심으로 일하느냐, 실적 중심으로 일하느냐에 따라 그 결과는 달라지며, 실행하는 주체자의 생각과 역량에 따라서도 달라진다. 성과관리 방식으로 일할 때 개인의 역량을 고려하는 것은 선택이 아니라 필수다. 바꿔 말하면, 성과관리는 아무나 할 수 없고 성과관리를 할 수 있는 역량이 뒷받침되어야 한다는 뜻이다. 일하는 방법을 스스로 고민하고, 리더에게 사전에 코칭 받고, 고객과 소통하면서 일하는 방식을 혁신해나가는 것은, 일하는 습관을 혁신하는 것인 동시에, 지속가능한 이익창출의 원천기술이다.

주체적인 자유를 인정받으면
자율책임경영을 실현할 수 있다.

일을 하면서 가장 스트레스를 받는 상황이 언제일까? 무엇을 해야 할지를 모를 때, 자신에게 권한이나 결정권이 없고 리더가 시키는 대로만 해야 할 때, 사소한 일 하나까지도 리더에게 허락을 구하거나 도움이 받아야 할 때 등이 있다. 그중에서도 가장 짜증 나는 상황은 시키는 대로 했는데도 리더가 질책하거나 화를 낼 때다. 주체적인 자유를 제공받지 못하는 상황이나 통제당할 때 누구나 스트레스를 받는다.

이를 해결하기 위해서는 일하기 전부터 '책임져야 할 목적결과물'을 명확하게 정해놓고 자율적으로 일할 수 있도록 업무환경을 제공하는 것이다. 방법 자체를 통제하면 일할 의욕이 사라지지만, 목표를 합의한 후 실행방법에 대한 선택권한을 부여하면 목표를 달성하기 위해서 어떻게든 스스로 자료를 수집하고 전략을 고민한다. 또한 누가 시키지 않아도 스스로 일을 찾아서 한다. 목표에 의해 무엇이든 자율적으로 수행하게 된다.

성과관리의 대상은
구체적인 결과물인 '상태적 목표'

업무를 수행해 성과를 내기까지 다양한 요소들이 영향을 미치는데, 그중에서 가장 중요하게 고려해야 할 요소는 바로 '목표'다. 성과창출을 위해 달성하고자 하는 목표가 무엇인지를 정확하게 알고 있어야 그 목표를 공략하기 위해 어떤 전략을 수립할지 도출되고, 어떤 역량을 보완해야 할지도 알 수 있다. 업무의 시작부터 결과물이 나오기까지 하나의 일이 완성되어가는 전체의 프로세스가 성과관리다. 따라서 자기완결적으로 업무를 수행하면서 업무방법을 학습하고 적용할 때 그 과정에서 역시 가장 중요한 것이 바로 성과관리의 대상이 되는 '목표'다.

그런데 우리는 '목표'보다는 '과제' 위주로만 일하는 게 문제다. 목표라고 하면 '구체적이어야 한다', '명확해야 한다', '수치화되어야 한다'고 알고는 있지만, 무엇을 언제까지 하면 된다는 정도로만 목표를 생각하고 있다.

목표를 나타내는 영어단어 중에서 가장 많이 사용하는 단어는 '골goal'과 '오브젝티브objective'이다. 이 두 단어에는 분명한 차이가 있다. '골'은 방침, 지향하는 바, 과제를 의미하는 것으로 '○○ 업무 프로세스 개선', '○○ 제품 거래처 확대', '불량률 2%', '달성률 100%', '안전사고 0건' 등과 같이 표현한다. 우리가 흔히 알고 있는 목표가 바로 방향성을 알려주는 '지향적 목표'인 골이다.

많은 조직에서 성과관리를 한다고는 하지만, 실제로는 가고자 하는 방향만 제시하거나 대략적인 업무방침에만 해당하는 지향적 목표와 골을 관리해왔다. 지향적 목표와 골은 가고자 하는 방향은 있지만, 성과를 내기까지 결정적인 영향을 미칠 전략과 방법을 구체적으로 알 수는 없다. 성취기준과 목표수준이 불분명하기 때문에 과제를 추진하기 위한 세부 실행계획과 일정을 바탕으로 과거의 경험이나 벤치마킹 사례, 리더의 직관력에만 의존해서 끊임없이 노력해야 하는 일의 연속이다.

이에 비해, '오브젝티브'는 해야 할 일인 과제수행을 끝낸 후 기대하는 결과물의 기준을 객관적으로 표현해놓은 상태다. 이러한 형태를 '상태적 목표'라고 부른다. '불량률 2%'는 지향적 목표지만 '불량률 2%'의 세부 내역이나 세부 구성요소가 불량유형이나 기타의 형태로 구체화되어 있다면 상태적 목표다. 상태적 목표는 목표가 마치 달성된 것처럼 세부 상태가 구체적으로 표현된 것이다. 원하는 결과물을 얻으려면 상태와 조건이 반드시 명시되어야, 실행전략과 방법을 공략대상 중심으로 구체적으로 수립할 수 있다.

결과물에 대한 품질기준과 투입할 수 있는 원가기준, 허용할 수 있는 소요시간, 예상되는 외부환경 조건과 내부역량에 대한 현재 수준이 구체화되어 있지 않으면 실행전략을 제대로 수립할 수 없다. 일을 실행하여 원하는 결과물을 목표한 품질기준에 맞게, 목표한 소요시간과 예산범위 내에서 달성해내는 것이 제대로 된 목표라 할 수 있다.

이러한 차이로 인해, 골과 지향적 목표는 추구하고자 하는 목적이나 방향에 가깝고, 오브젝티브에 해당하는 '상태적 목표'는 성과를 내기 위한 가시화된 목표인 셈이다. 목표란 원하는 결과물을 구체화한 것이며, 그런 의미에서 상태적 목표가 진정한 목표다. 성과를 측정하거나 평가하려면 반드시 상태적 목표가 전제되어야 한다. 상태적 목표는 세부 구성요소를 타깃으로 전략과 방법을 수립할 수 있는 목표라서 일이 일어나는 전체과정을 관리하기에 유용하기 때문이다.

실적관리 방식에서 성과관리 방식으로
업무관리를 혁신하는 법

1. 일의 관점을 '실적'이 아닌
'고객에게 기여할 가치'로 바꿔라.

우리는 왜 일을 하는 걸까? 이익에 결정적인 영향을 미치는 다양한 고객을 만족시키기 위해서다. 궁극적으로는 결과물을 최종적으로 소비할 외부고객을 만족시키고, 1차적으로는 조직 내에서 자신에게 일을 부여한 리더를 만족시켜야 한다. 그런데 실적관리 방식으로 일할 경우 만족시켜야 할 대상은 사라지고, 그 자리에 자신의 편의만 채워지게 된다. 조직에서 개개인이 달성해야 할 목표, 리더가 부여한 과제 등이 있음에도 불구하고 고객을 고려하지 않고 자신이 하고 싶은 것만 보고 달리는 셈이다. 일을 하면서 우리는 다양한 이해관계자를 접하고, 상대방이 누구든 모두 자신이 만족시켜야 할 고객이 된다.

고객을 먼저 생각한다는 것은 상대방과의 커뮤니케이션을 고려한다는 의미고, 결과물을 위해 사전에 소통한다는 뜻이다. 결과적으로 부가가치를 창출해 고객을 만족시키고 자신은 성장하게 된다. 고객을 최우선으로 생각하며 일하는 사람은 자연스럽게 성과관리 방식으로 일할 수 있다.

2. '무엇을 언제까지 할까'가 아니라
'왜 하는지'를 토대로 구체적인 결과물의 기준을 세워라.

실적관리 방식을 지향하는 사람들의 특징 중 하나는 일을 하기 전에 목표를 제대로 세우지 않는다는 점이다. '무엇을 언제까지 해야 한다.'는 것을 목표로 생각하는 경우가 대부분인데, 이는 '지향적 목표'에 가깝다. 지향적 목표는 구체적이지 않기 때문에 필요한 자원, 우선적으로 해야 할 일, 예상 장애요인, 마감기한 등을 한눈에 파악할 수 없다. 주어진 시간 안에 최대한 많은 실적을 내는 것에 초점을 맞추기 때문에, 이들은 성과목표를 세우는 시간조차도 사치라고 여긴다. 성과목표 없이 일을 시작하게 되면 일을 많이 하는 데 집착하게 되고, 결국엔 일하는 과정과 노력에 대해 보상받으려고 한다. 물론 자신이 '왜 이 일을 열심히 해야 하는가?'에 대한 목적의식이 없어서 일에 대한 동기도 느끼지 못한다.

일을 하기 전에 성과목표를 설정하는 것은, 성과관리 방식으로 일을 하기 위한 필수적인 전제조건이다. 원하는 성과목표가 없으면 성과관리 자체를 할 수가 없다. 성과관리는 달성해야 할 성과목표가 있는 상태에서 어떻게 하면 성과목표를 달성할 수 있을지 고민하고 이를 실제로 행동으로 옮기는 일련의 과정을 관리하는 것이기 때문에 성과목표 없는 성과관리는 어불성설이다. 무언가를 관리 혹은 경영management한다고 말하려면 그 대상이 명확해야 한다. 성과관리의 대상은 성과목표, 더 정확히 말하자면 상태적 목표다.

상태적 목표는 해야 할 일, 과제수행 후 기대하는 결과물의 기준을 객관적으로 표현해놓은 상태다. 품질quality에 대한 기준, 원가cost에 대한 기준, 소요시간delivery에 대한 기준이 전제되어 있어야 한다. 이러한 상태적 목표는 무슨 일을, 어떻게 해야 하는가에 대한 전략과 방법을 고민하고 의사결정하는 기준이 된다.

3. 자율적으로 실행전략을 의사결정하게 하고
적극적으로 책임지게 하라.

성과관리 방식이란 일을 하기 전에 원하는 결과물을 객관적인 형태로 구체화해놓고, 기간별로 인과적인 액션플랜을 수립해서 전략적으로 수행하며, 일하는 프로세스를 지속적으로 관리해 나가는 방식이다. 자신이 원하는 결과물이 명확하고, 액션플랜을 스스로 수립해서 일하기 때문에 결과에 대한 책임 역시 당연히 스스로 진다.

그런데 대부분의 구성원들은 자신이 한 일에 대해 책임지는 것을 생소하게 여긴다. 대신 책임져줄 상사나 리더가 있기 때문이기도 하고, 직책이 있어야 책임을 질 수 있다고 생각해서다. 일에 대한 책임을 리더가 대신 져주는 시스템에서 일을 하게 되면, 실무자가 전략과 방법을 주체적으로 의사결정을 하지 못하고 리더의 지시를 받거나 일일이 결재를 받게 된다. 이처럼 수동적으로 일하면 재미도 없고 보람도 없다.

물론 리더라면 책임져야 할 일이 많고 실무자보다 책임의 무게가 클 것이다. 하지만 구성원이라고 해서 책임질 일이 아무것도 없는 것은 결코 아니다. 성과를 내기 위해 일하는 사람이라면 누구나 자신이 한 일의 성과에 대해 책임져야 한다. 그렇지 않으면 일에 대한 주체적 자율성이 보장되지 않으며 권한위임도 기대할 수 없다.

미래에 원하는 목표를 달성하고 싶다면, 마음을 다지고 의지만 앞세워서는 안 된다. 환경 탓만 해서도 안 된다. 목표 달성에 인과적으로 작용할 수 있는 선행적인 전략행동을 실천해야 가능해진다. 현재는 과거의 혁신과 개선이 반영되고 미래의 선행적 행동이 반영된 결과다. 그리고 우리는 이러한 전 과정을 성과관리 프로세스라고 부른다.

4. 일일·주간·월간 단위부터
성과관리 방식을 적용한다.

일반적으로 성과관리라고 하면 개인 차원에서는 어렵고, 회사나 사업부 차원에서 핵심성과지표KPI를 설정하고 수치 목표를 부여해서 추진하는 일이라고 생각한다. 물론 회사 차원에서 달성해야 할 성과기준도 있고 사업부나 팀 차원에서 달성해야 할 성과기준도 있다.

하지만 실행의 출발점은 개인과 일일 단위다. 아무리 도전적인 성과목표를 설정하고 관리한다고 하더라도 실제 실행을 하는 주체는 실무자들이며, 아무리 연간 성과목표가 중요하다 하더라도 실현가능성을 높이려면 일일·주간·월간 단위의 성과목표가 달성되어야 한다. 그렇지 않으면 그림의 떡일 수밖에 없고 의지목표가 될 수밖에 없다.

성과관리의 출발은 개인 단위부터, 그리고 일일·주간·월간 단위부터 시작해야 실천적으로 전개할 수 있다. 아무리 큰일이라도 잘게 나누어 실행하다 보면 달성가능성이 높아지듯이 중장기 목표나 연간 목표도 기간별로 나누어 실행하는 것이 매우 중요하다. 특히 조직에서는 연초에 조직적인 차원에서 목표설정을 하는데, 연간목표이기 때문에 주간 단위나 일일 단위로 일할 때 쉽게 와 닿지 않는다. 게다가 연말까지만 달성하면 된다는 생각에 평소에는 수명업무 위주로 일을 하거나, 연간 성과목표를 그저 보여주기 식으로 가지고 있는 경우가 많다. 목표달성 시점이 멀면 멀수록 실행력은 더욱 저하된다.

성과 중심으로 일하는 방법은 평상시에 목표를 체감할 수 있도록 관리하는 것이다. 연간목표를 반기·분기·월간·주간·일일 성과목표로 나누어 목표를 단계별로 달성해나가면서 결국 연간목표를 달성하도록 한다. 반기 성과목표나 분기 성과목표는 단위가 큰 편이라서 목표를 달성하지 못했을 때 만회할 수 있는 기회가 적지만, 일일·주간·월간 단위의 성과목표는 기간의 범위가 비교적 짧기 때문에 얼마든지 미달성한 부분을 만회할 수 있다. 뿐만 아니라 불확실성이 강한 미래에 대한 예측이 비교적 수월한 편이다. 이렇게 일하다 보면 일상적인 업무에서도 성과관리 방식을 체화할 수 있는 좋은 기회가 된다.

5. '목표와 전략' 중심으로
성과에 대해 프리뷰하고 리뷰하라.

성과관리 방식과 실적관리 방식의 가장 큰 차이점 중 하나는 일이 끝났을 때 그 일을 바라보는 관점에 있다. 실적관리는 원하는 결과가 달성되지 않았을 때 원인을 분석하고 개선하는 프로세스가 매우 미흡하다. 열심히 일했는데 결과가 좋지 않은 것에 대해서 환경 탓을 하거나, 열심히 일한 행위 위주로만 위로한다. 미달성한 목표에 대한 객관적인 원인분석 없이 주관적인 행동반성만 하게 되는 것이다. 이러면 전략에 대한 혁신이나 실행방법의 개선이 없고, 능력과 역량에 대한 보완 없는 채로 똑같은 실수와 실패를 반복할 가능성이 높아진다. 일하는 능력과 역량을 개선하지 않고 악순환을 반복하는 것이다.

반면 성과관리 방식은 결과가 좋든지 그렇지 않든지 일을 하고 나서 도출한 결과물에 대해 목표 대비 성과, 기획한 전략과 실행한 전략의 차이 등에 대한 분석작업을 한다. 성과를 달성하기 위한 과정에 문제가 없었는지, 목표한 수준보다 더 좋은 결과가 나온 원인이 무엇이었는지, 목표를 달성하지 못했다면 그 원인은 무엇이었는지 등 성과를 둘러싼 모든 요인에 대해서 사후관리를 한다. 결과물에 대해 책임을 지기 위해 또한 같은 실수와 실패를 반복하지 않기 위해 철저한 사후관리를 하는 것이다.

성과관리는 사후관리이면서 동시에 사전관리이기도 하다. 리뷰·평가·피드백 등 사후관리를 통해서 문제점이 드러나면 개선과제를 도출하거나 성과가 미달성되었을 때 만회를 위한 달성계획을 수립한다. 이러한 절차가 생략되면 다음 성과를 달성하는 과정에서 동일한 문제에 직면하거나 성과를 또 달성할 수 없게 된다. 계획을 실행으로 옮기기 전에 개선해야 하는 문제를 반드시 보완하여 성과창출에 문제가 없도록 대비한다.

맨 꼭대기부터
생각, 언어, 태도를 다 바꿔라

맨 꼭대기란 최고경영층, 즉 오너를 포함하여 CEO, 사장, 임원을 총칭하는 말이다. 임원을 비롯해 그 윗사람들이 바뀌면 팀장이나 팀원들은 하루아침에 바뀐다. 제대로 될지 쓸데없는 걱정을 늘어놓는 대신 임원들부터 솔선수범하여 바뀌면, 조직은 단기간 내에 혁신될 수밖에 없다. 혁신하라고 훈계하지 말고 위에서부터 바꾸면 다들 자연스럽게 따라간다.

주제도 모르는 회의, 시도 때도 없이 열리는 회의, 윗사람 혼자서 말하고 일방적으로 혼내는 회의도 임원의 솔선수범으로 얼마든지 바뀔 수 있다. 회의하기 전에 오늘 회의의 결과물이 구체적으로 무엇인지부터 물어보라. 하고자 하는 일을 보고받으면 실행하는 사람이 그 일을 통해 원하는 결과물이 무엇인지 최대한 구체적으로 물어보고 상기시켜줘라. 해야 할 일과 일정만 보고받지 말고 반드시 '원하는 결과물'이 무엇인지 물어라.

일하는 문화를 혁신하는 것은 무슨 거창한 작업이 필요한 것이 결코 아니다. 최고경영층이 어떤 언어를 사용하고 하위 실무조직에 어떤 프로세스를 주문하는가에 따라 지금 이 순간부터 당장 실천할 수 있다.

'주간 업무계획'을 '주간 성과기획서'로 바꾸고, 해야 할 일과 함께 반드시 목표를 적게 하라. 이번 주에 해야 할 일을 통해 원하는 결과물인 성과목표가 무엇인지 상기시켜주고, 그것을 어떻게 달성할 것인지 전략과 방법을 물어라. 그리고 예상되는 장애요인이 무엇인지 물어라.

최고경영층이 무엇을 질문하는가에 따라 실행조직들의 일하는 문화가 바뀐다. 리더는 일하는 방법을 지시하는 사람이 아니라 실무자에게 목표와 소요자원을 질문하는 사람이다. 리더는 일의 진행상황을 챙기고 일정을 챙기는 사람이 아니라 전략과 방법을 성과코칭 하는 사람이다. 리더는 일의 결과에 대해 큰소리로 야단치고 질책하고 짜증내고 훈계하는 사람이 아니라, 성과와 전략에 대해 평가하고 개선하고 만회해야 할 것을 피드백하는 사람이다. 당신의 생각과 말투, 표정과 사용하는 언어부터 혁신하라. 딥 이노베이션의 출발점은 바로 당신이다.

딥 이노베이션 솔루션
한눈에 보기

1 회의

'원하는 결과물과 문제해결' 중심으로
회의를 바꿔라

1. 시간, 횟수, 비용을 수치화해서 회의현황을 공개한다.
2. 안건과 원하는 결과물을 사전에 공지한다.
3. 최소한의 인원만 참석한다.
4. 과거에 대한 질책보다 원인분석과 개선과제 도출에 중점을 둔다.
5. 회의결과를 반드시 실행으로 이어지게 한다.

2 결재

'목표, 역할, 책임' 중심으로
결재와 위임전결 기준을 바꿔라

1. 위임전결의 원칙은 '역할과 책임'이다.
2. 기간과 성과목표 중심으로 결재한다.
3. 성과목표 중심으로 전략과 방법을 권한위임한다.
4. 실무자의 독립적 역할과 책임을 인정하고 결재단계를 최소화한다.
5. 평가권이 없으면 결재권도 주지 마라.
6. 능력과 역량 중심으로 위임한다.

3 소통

'숫자와 목표' 중심으로 소통을 혁신하라

1. 누가 무엇을 언제까지 어떻게? '결과물' 중심으로 명확하게 소통한다.
2. 주관적 의견이나 감상, 은유, 비유는 빼고 '객관적 사실' 중심으로 소통한다.
3. 서로 미루지 말고 내가 먼저 선제적으로 최소 3회 소통한다.
4. 야단, 질책, 분풀이보다는 '원인과 개선책'을 함께 찾고 코칭하라.
5. 리더가 '8번 듣고 2번 말할 때' 자발적이고 수평적인 소통이 이루어진다.

4 평가

성과평가를 사업계획과 연계하고 '절대평가'로 바꿔라

1. 성과목표를 기준으로 신뢰성·타당성·납득성을 갖추고 절대평가 하라.
2. 스스로 자신의 상사가 되어 평가하고 피드백하는 프로세스를 갖춘다.
3. 평가를 마친 후에는 반드시 개선과제를 도출하고 만회대책을 수립한다.
4. 직무성과 평가에 인성, 품성 등 '사람'에 대한 주관적인 감정을 뺀다.
5. 1년에 한 번은 너무 멀다. 프로젝트나 과제 단위로 상시적으로 평가하라.
6. 미래시점으로 보상에 접근하고, '왜 주는지?' 보상의 이유를 명확하게 밝혀라.

5 교육

'역량훈련' 중심의 액션러닝 방식으로
교육을 혁신하라

1. 사내교육의 패러다임을 '지식교육'에서 '성과코칭'으로 바꿔라.
2. 직무지식이나 스킬이 아닌 성과창출을 위한 전략적 행동지표 중심
    으로 훈련하라.
3. 문제해결형 액션러닝으로 자기완결적 매니지먼트 역량을 훈련하라.
4. 사업계획과 교육을 전략적으로 연계시킨다.
5. 교육훈련 주관 부서는 리더들의 매니지먼트 역량을 향상시키는 데
    집중한다.

6 리더

성과코칭과 권한위임 중심의 '리더형'으로 거듭나라

1. 직책별·기능별·기간별로 리더의 역할을 구체적으로 명시하라.
2. 임파워먼트를 통해 역할을 부여하고 주기적으로 역할수행을 관찰
    하고 기록하라.
3. 델리게이션으로 성과목표를 부여하고 의사결정권과 실행의 권한을
    맡겨라.
4. 성과목표와 관련이 깊은 현장전략을 중심으로 실무자가 의사결정
    하게 하라.
5. 실무자 스스로가 자기완결형 성과경영자로 성장하도록 도와라.

7 인사

성과와 역량 중심의 '동업자 관리'로
인사를 혁신하라

1. 회사가 인재에게 바라는 공헌조건, 인재가 회사에 바라는
   유인조건을 명시하라.
2. 관리 지향적 종업원 관리가 아니라 동기 지향적 동업자 관리다.
3. 우리 조직에 필요한 인재는 정확히 어떤 요건을 갖추어야 하는가?
4. '만인을 위한, 만인의 인사제도'는 없다. 성과와 역량에 따라
   차별적으로 평가하고 보상하라.
5. 인사 부서는 관리하고 통제하는 부서가 아니라 구성원들이 성과를
   더 잘 내도록 지원하는 부서다.
6. '남의 집 얘기'는 참고만 하고, 우리 조직에 특화된 차별적 인적자원
   경영을 하라.

8 조직

수직적 위계조직을 '수평적 역할조직'으로 바꿔라

1. 팀장 중심의 '조직관리'에서 태스크 매니저 중심의 '과제관리'로
   혁신하라.
2. '계급과 인원' 중심의 단순반복이 아닌 '역할과 책임' 중심의 자발적
   몰입도를 높여라.
3. 무의미한 '조직도'나 '업무분장' 대신 '기간별 역할' 중심의 수평적
   역할조직으로 탈바꿈하라.

9 업무

실적관리 방식에서 '성과관리 방식'으로
업무관리를 혁신하라

1. 일의 관점을 '실적'이 아닌 '고객에게 기여할 가치'로 바꿔라.
2. '무엇을 언제까지 할까'가 아니라 '왜 하는지'를 토대로 구체적인
   결과물의 기준을 세워라.
3. 자율적으로 실행전략을 의사결정하게 하고 적극적으로 책임지게
   하라.
4. 일일, 주간, 월간 단위부터 성과관리 방식을 적용한다.
5. '목표와 전략' 중심으로 성과에 대해 프리뷰하고 리뷰하라.

저자소개

류랑도
㈜더퍼포먼스 대표 컨설턴트

어떻게 하면 조직과 개인이 시간과 에너지를 엉뚱한 곳에 쏟지 않고, 목표를 달성하고 성과를 내며 성취감 있게 일할 수 있을까? 저자는 지난 22년간 목표달성과 성과창출을 원하는 조직과 개인에게 필요한 지식과 실천방법을 연구해왔다. 특히 최근 변화한 경영환경 속에서 가장 필요한 것은 권한위임을 바탕으로 한 실무자 중심의 자율적 성과책임경영이라는 사실을 강조하며, 개인과 조직에 그것을 알리고 정착시키기 위해 힘쓰고 있다.

실무경험과 인본주의 철학을 바탕으로 한 그의 열정적인 강의와 컨설팅은 수많은 조직과 구성원에게 지속가능한 발전을 선사했으며《일을 했으면 성과를 내라》,《제대로 시켜라》,《성과중심으로 일하는 방식》,《성과사회》등 30여 권의 저서는 출간할 때마다 베스트셀러에 올랐다. 개인의 자율성과 책임감, 기대감이 조직 내에서 중요한 에너지가 되고, 일하는 프로세스와 문화가 실체 있는 구체적인 역량으로 발현되도록 하기 위해 오늘도 현장의 실무자들과 머리를 맞대고 고민하고 있다.

4차 산업혁명이라는 거대한 변화의 격랑 속에 주 52시간 근무제 시행 등 내외부적 경영환경이 드라마틱하게 변하고 있다. 그런 만큼 조직의 구성원과 제도, 일하는 문화 역시 대대적으로 혁신하지 않으면 앞으로는 조직의 생존 자체가 불확실하다. 이 책은 회의, 결재, 교육, 평가, 보상, 리더십 등 조직 전반에서 현재 진행형으로 일어나고 있는 일들에 대해, 말 그대로 '딥 이노베이션' 할 수 있는 구체적인 대안과 솔루션을 담았다. 자기완결적으로 일하는 문화, 숫자와 목표 중심의 소통, 역량 훈련의 액션러닝, 종업원이 아닌 동업자 보상, 수평적 역할조직으로의 이동 등 절박한 생존 노하우를 자세히 소개한다.

딥 이노베이션

2018년 8월 17일 초판 1쇄 발행

지은이·류랑도

펴낸이·김상현, 최세현

책임편집·최세현 | 디자인·최우영, 고영선

마케팅·김명래, 권금숙, 심규완, 양봉호, 임지윤, 최의범, 조히라
경영지원·김현우, 강신우 | 해외기획·우정민
펴낸곳·(주)쌤앤파커스 | 출판신고·2006년 9월 25일 제406-2006-000210호
주소·경기도 파주시 회동길 174 파주출판도시
전화·031-960-4800 | 팩스·031-960-4806 | 이메일·info@smpk.kr

ⓒ 류랑도(저작권자와 맺은 특약에 따라 검인을 생략합니다)
ISBN 978-89-6570-673-1 (03320)

쌤앤파커스(Sam&Parkers)는 독자 여러분의 책에 관한 아이디어와 원고 투고를 설레는 마음으로 기다리고 있습니다. 책으로 엮기를 원하는 아이디어가 있으신 분은 이메일 book@smpk.kr로 간단한 개요와 취지, 연락처 등을 보내주세요. 머뭇거리지 말고 문을 두드리세요. 길이 열립니다.